吉井雅之
Masashi Yoshii

# 成功する
# 社長が
## 身につけている
# 52の習慣

同文舘出版

# はじめに

本書を手に取っていただきまして、ありがとうございます。

私は、人財育成コンサルタントとして、17年間で約1万人の企業経営者、自営業者とお付き合いしてきました。

その中で強く感じるのは、「成功者」とは、**「成幸者」**である、ということです。

これは、私が尊敬する、NPO法人「読書普及協会」理事長の清水克衛さんがよく使われている言葉なのですが、いきいきと活躍されている経営者のみなさまを見ていると、どうも「成功」と表現するよりも**「成幸」**と表現したほうが適切のように感じ、本書でも使わせていただきました。

私の思う「成幸」とは、〝人生のパラダイムシフト〟をされている方に当てはめることが多いように感じます。

たとえば、

「自分のため」から「他人のため」
「会社のため」から「社会のため」
「安楽」よりも「充実」
「依存」よりも「自立」

というようにです。

とひと口に言うのは簡単ですが、では具体的にどうすればいいのか？　それを、読者のみなさんに、「成幸されている社長様」の実例をもとに、わかりやすくお伝えできればと書かせていただきます。

数多くの「成幸者」のみなさまとお付き合いさせていただく中で気づいたことは、みなさまにはいくつもの共通点がある、ということです。

しかも、その共通点とは、特別な人だからできるというものではなく、誰でも少し意識して続けてみるだけで、自分自身を取り巻く環境までみるみる変えていくものなのです。

人生、弱気になって否定的に考えている方が多くいらっしゃいます。たとえば……

・やる気はあるが、何をやってもうまくいかないと感じている人
・目標を設定してチャレンジするけれど、完遂したことがない人
・自分の人生がうまくいかないのは、運が悪いからだと思っている人

・本を買ってきても、読まずに本棚に並べているだけの人
・本を買ってきて読みはじめても、決まって途中で投げ出して最後まで読まない人
・セミナーや勉強会に参加して、一時的にテンションは上がるけれど、具体的には何も行動に移せない人。また、何をしていいのかわからない人
・言われたとおり、マニュアルどおり、習ったとおりやっているのに、自分だけ成果が上がらないと感じている人
・目標を立てたものの、それを「ノルマ」と感じていたり、「しなければならない」と感じて、それが義務感となってワクワクドキドキしない人
・夢があっても、一歩を踏み出す勇気が出せない人

このような方は、ぜひ本書を最後までお読みください。前から順序よく読み進めていく必要はありません、あなたが「気になった」「ええっ、そんなことで」と思う見出しから読んでいただいてかまいません。

大切なことは、**「これならできそう」「こんなに簡単でいいの」と思うことからやってみること**です。

大丈夫です……人は誰でも変わることができます。

そして……あなたは、進化し続けるのです。

成幸社長から学ぶものは、会社経営というより、〝自分自身の経営法〟なのです。

本書を手にしているあなたは、もうすでに社長です。自分株式会社の代表取締役として、人生の経営を死ぬまで実践されるわけです。ということは、あなたは社長なのです。

終身雇用制が当たり前だった社会では、まじめにコツコツ働いていれば、誰もがそれなりに安定した生活を送ることができました。

会社を休まず、遅刻せずに、さまざまな環境の変化に順応していくことができる人なら、生涯その会社に勤めることもできたし、そうすることが美徳のように思われていた時代もありました。

ところが、規制緩和や自由化によって、より専門性が深く求められる時代に突入し、こうした「普通の人」がリストラの対象となる時代になりました。

つまり、まじめにコツコツやっているだけでは、ダメな時代になってきたのです。

そして、今この瞬間何が起こっても、悔いなく生きていきたいとお考えの方が大勢いらっしゃいます。

「時期がきたら、自分の会社を持ちたい」「そのうち独立したい」「いつかは、自分が社長として勝負したい」「タイミングが合えば、次を考えたい」「きっと、私が後を継ぐのだろう」と思っていた方も、「今、やらなければ」「悔いなく生きよう」「準備を加速させなくては」と、心の変化に気づくものの、まだモヤモヤとしたままで決断できない方も多いでしょう。

将来、起業や独立を考えている方はぜひ、また現在経営者として、なかなか「自分軸」が定まっていないとお考えの方も、ぜひ現在活躍中の経営者のみなさんの〝好ましい習慣〟を知り、ひとつでも多くをあなたご自身の習慣としていってください。

そして、「心質」を向上させ、姿勢と行動を通して思考習慣と行動習慣が相まって、生涯の成長と進化を目指してください。

２０１１年3月11日、日本中が何かに気づかなくてはならない、そんな事態が起きました。大げさに言うわけではありませんが、今後巨額の復興資金が必要となります。未曾有の国難を、国民一人ひとりの力の積み重ねで乗り切っていきましょう。

今、私たちにできることを、一人ひとりが精いっぱいやりきるのです。私たち一人ひとりが１０５％働きましょう。たった一人の5％アップの積み重ねが重要なのです。

日本の先人たちは幕末の国難期、武士はその本分に徹しました。敗戦の国難期、起業家がその本分に徹しました。今こそ、一人ひとりの国民が「大和魂」を発揮し、自身の本分をまっとうしましょう。そのために必要なこと、それが自己成長することなのです。

今こそ、理想の自分自身の確立を目指すのです。そのためには、変革とスピードが必要なのです。そして、みなさん一人ひとりが日本経済の担い手となるべきなのです。

成功する社長が身につけている52の習慣——【目次】



# 1章……「成幸習慣」を身につけよう



# 2章……成幸社長の受信習慣

# 3章……成幸社長の言語習慣

## 4章……成幸社長の思考習慣



## 5章……成幸社長の発信（行動）習慣

## 6章……成幸社長になるために

ブックデザイン　上田宏志［ゼブラ］
ＤＴＰ　クールインク＋ゼブラ

# 1章

# 「成幸習慣」を身につけよう

これまで、数多くの経営者とお話をしてきたことで、確信を得たことがあります。それは、成果を上げる人に共通するのは、成果を上げる能力がある、ということです。こう言うと、「そんなの当たり前じゃないか」と思われるかもしれません。でも、ここで「能力」ということについて少し考えてみてください。元々成果を上げることはひとつの習慣であり、それは実践的能力の集積とも言えます。実践的能力は、修得することができるということです。

とはいえ、いざ行動しようとすると、多くの挫折が生まれます。行動だけを変えることは不可能だからです。思考を変え、納得したうえで行動を変えていかなくてはなりません。

そして、そのサイクルを繰り返すうちに、頭ではなく、無意識に行動できるようになるのです。これが、習慣化された状態というものです。

本書は、まず自分自身に何をインプットしていくかという、「知る」「感じる」「聞く」「見る」の「受信」部分、次にイメージを言語化する「言語」部分、その言語を基に考える思考部分、そして行動に移していく「発信」部分に分けてご紹介していきます。

成幸者がおっしゃっていること、考えていること、そして意識している行動の中から、共通点を見つけ出してご紹介していきます。

成果を上げる能力とは、いくつかの能力（習慣）が集まった総合力です。それらを一つひとつ習慣として増やしていくと、いつしか大きな成幸に結びつくことになります。

## 「成幸」を創り出す習慣を身につける

知る、感じる、聞く、見る（**受信習慣**）

↓

納得し、イメージして言語化する（**言語習慣**）

↓

常に考える（**思考習慣**）

↓

行動移行（**発信習慣**）

今までの起業家向けの内容とは違い、経営資源を自身の「心質」と「あり方」に重点を置き、成幸への重要なポイントを意識すれば、誰にでも簡単に真似ができる習慣を52の項目にまとめました。

実践するとは、学びそのものであり、学ぶとは、成長そのものです。出逢いと実践なくしては、ひとつの成果も生まれることはありません。本書を通じて、あなたと出会えたことに感謝いたします。

実践が習慣化して、はじめて連続して成果が上げられるようになり、成幸者へと導かれていくのです。

ここで、二つのことを約束してください。

まずひとつ目。

どの項目でもかまいません、あなたの心に少しでも響いたものがあれば、すぐにMMしてください。**MMとは、真似してモデリングして、やってみること**です。

そして二つ目。

なかには、簡単すぎて「ええっ、そんなことで成幸するの?」と思われることもあるでしょう。しかし、その簡単なことを続けることによって見えてくるもの、またあなたの心質を創り上げていく仕組みがあるのです。

はっきり申し上げます。**すべての成幸社長の出発点はMMから、そして素直にやってみることからはじまる**のです。そして、徹底してやり続ける中から独自性が生まれてくるのです。

人生は真似して、モデリングして、やってみることによって成幸につながっていくのです。

# 人生はMMの反復からはじまる

あなた自身が、あなたが望む結果に向けて、成幸社長の受信を、言語を、思考を、発信を、そして習慣を、徹底的にMMしてください。実は、MMを繰り返すことによって、あなたなりの創造性が発揮されていくことになるのです。

創造性を発揮することにより、まずはビジネスにおける定石・定跡を収集し、自分自身の行動習慣のひとつに加えていただければ幸いです。

成幸社長への道には、必ず定石・定跡が存在しています。たとえ偶然の産物のように見えたとしても、輝かしく見える「成幸」の土台には、「この状況下では、この考え方に基づいて、次の一手はこれだ」、「この場面は、こう行動するべきだ」という基本の一手があります。

しかも、成幸社長のみなさんは平素の習慣から、無意識のレベルでその次の一手を打っています。

その平素の習慣形成について書かせていただいているため、まずはMMからしかはじまらないのです。

「知っている」と「できる」の違いを、成幸社長はみなさんごぞんじです。

正確に言うと、その違いに気づき、自分自身を振り返り、認め、改善し、できるようになろうと行動に移した方が、成幸社長になっているということです。ぜひ、あなたも……

感じ

気づき

いったん認め

受信を変え

言語を意識し

思考を作り上げ

発信（行動）を創り出し

まわりを巻き込みながら、ともに学び、成長し、成幸へと歩んでいきましょう。

ぜひ、本書をご活用いただき、あなた自身の「心質」と「あり方」に関して、自問自答して行動に移し、「成果」を手にしていただくことができるように願っています。

# 2章

# 成幸社長の受信習慣

# 成幸社長の勘違い

私がこれまでにお会いしてきた成幸社長の中で、偶然に事業が成功したという方はいらっしゃいません。一般的に、偶然の成功というものはないと言っていいでしょう。

しかし、あなたが今後、さまざまな成幸社長とお会いして、その成功の秘訣を質問したならば、必ずこういった答えが返ってくるはずです。

「いいえ。私は、とくに何もしていません」

「まわりの人に恵まれただけです」

「私は運がよかっただけです」

「たまたま、ツキがあったのです」

こう聞いて、「そうか、人・運・ツキかあ」と思うのはいいのですが、それを真似して、本当に何もしないで待っているとしたら、いつまでたっても成幸を手に入れることはできないでしょう。

成幸社長たちは、「何もしていない」と言いながら、ご自身が未来に対して、理想の自分、理想の家庭、理想の会社をイメージし、そこに到達した自分自身にワクワクして突き進んできたのです。
成幸社長のみなさんの共通点は、未来において、ご自身が得たいものを得た状態や、なりたい自分になっていることを明確にイメージするだけではなく、そうなるに決まっているという、〝変な確信〟を持っているということです。
変な確信とは、未来のことについて「確信」と言われても、ピンとこないことだからです。しかし、この確信こそが重要なポイントで、これを肯定的な勘違いと言います。
みなさんも、これまで一度や二度は聞いたことがあるかもしれませんが「根拠のない自信が大切」ということにつながっていくのです。
すべて、未来の自分のイメージなのです。
どうせ俺なんて……も、
どうせこれくらいかな……も、
必ず、こんな人間になって社会に幸影響を及ぼすぞ……も、
私は日本一の〇〇になる……も。
いずれにしても、すべてが〝勘違い〟なのです。自分の未来に対して制限を設けてしまうと、否定的勘違いとなるし、ワクワクした状態で未来を思い描くと、肯定的な勘違いとなるわけです。

そこで、「社長の勘違い」という意味ですが、よく考えてみてください。私たちは、未来に対してすべて勘違いをしているのです。

どうせ勘違いなのですから、ワクワク系でおおいに勘違いしようではありませんか。

その勘違いを、毎日朝起きた布団の中でやってみましょう、そう、イメージしてみるのです。妄想でもかまいません、1人でニタニタと数分間過ごしてみてください。

その結果、どうなるかというと。

これを続けていく中で、ますます理想の自分が明確になっていきます。

もっと言うと、「何のために、今日も目が覚めたか」ということが確認できるのです。

ただ、何となく目が覚めているのではないのです。あなたには、今日目が覚めるだけの理由があるのです。

もちろん、理想の自分になって社会に貢献するために、今日という日を積み上げていくためにです。

「理想のあなた」は、あなたが決めた未来のその日に、あなたがやって来るのを、両手を広げて待っています。

どうせ勘違いなら、超肯定的な未来を思い描きましょう。

これを、成幸社長のみなさんは習慣化しています、理想の自分を明確に描ききるほど、さまざまな困難が降りかかってきたとしても、すべてを必要なこととして受信できるようになるのです。

それは、何が起ころうが、自分自身が肯定的な勘違いで未来を決めているからです。

!

**毎朝、肯定的勘違いタイムを持とう。**

**できるイメージを、毎朝入力し続けよう**

# 成幸社長の読書

「成幸社長は読書好き」と聞いて、「まあ、それはそうだろう」「やっぱり、本ですか」と思われた方も多いことでしょう。

ここで、「本を読んで、さまざまな知識を身につけましょう」というだけでは、ごくありきたりなので、こう言い切ってしまいましょう。

**「読書は、あなたの考え方を変革し、進化させてくれます」**

成幸社長の特徴は、どんなに忙しいときでも、読書の時間だけは特別なようです。仕事が、望ましい結果になろうがなるまいが、状況に関係なく本を読まれています。

みなさん、「本を読むと心が落ち着く」と、口を揃えておっしゃいます。好ましいことがあった後は、ともすれば浮ついてしまう気持ちが抑えられ、好ましくないことがあったときは、乱れている気持ちを整えてくれるのです。

もちろん、知識の学習という意味でも読書は大切です。自分の人生で経験できることなんて、たかが知れていますが、本の中には、たくさんの方の経験や考え方が書かれていて、その世界に入り込むことで、自分も疑似体験ができるのです。

なかには、数多くの本を読破した後、ある1冊の本に戻り、その1冊を徹底的にMMした結果、今があると言い切る方、さらにある本との出会いで人生が変わったとおっしゃる方も少なくありません。

それればかりか、成幸社長の読書には他の意味合いもあるようです。少しご紹介します。

「私は、本はたくさん読みます。しかし、本を読んでもその内容を鵜呑みにすることはありません。先人の話を疑うわけではありませんが、まず自分の場合はどうなのかを、常に考えながら読むようにしています。そして、その意見に自分は同調できるのか、今の自分にはどう活用できるのかを考えます。もちろん、なかには自分とは違うと思うこともあります」

と、お話しいただいたことがあります。

「経営者は、人前でお話をする機会が多いのです。従業員に対してはもちろん、取引先の方ともお話しします。読書は、自分自身の言語のセンスを磨くうえで最適です」

「私のひと言で、従業員がやる気になってくれる。また、きちんと意味が伝わらなかったことで誤解を生むということも起こります」

「私は、自分自身の成長のために読書をしているのですが、それが、従業員のためにもなるのです。最近は、どれだけ短いフレーズで意図が通じ、共感してもらえるかを意識しています。そのほうが、聞いている人の頭に入りやすいし、だらだらと従業員に話をする社長って、かっこ悪いでしょう」

という社長もいらっしゃいました。

成幸社長になったから、みなさん読書好きになったのではないということは、はっきりと言えます。私が出会った成幸社長のみなさんが、最初から読書好きではなかったようにも感じます。あるとき、「このままではダメだ」と感じて、そこから猛烈に本を読みはじめた方もいます。


読書は、「受信」だけではなく、「発信」にも効果があるようです。

「私は、社長として決定的に苦手だったことがあります」と、私にお話しくださった方がいます。この方は、

「何気なく、自分から話をすることはできるのですが、思ってもいないことを聞かれたり、直球で質問されると、あわてて しまって話が支離滅裂になるのです。だから、リーダーとしては、部下から信頼を得られるタイプではなかったのです」

とおっしゃっていました。また、「人前で、素直に自分の考えや気持ちを伝えることができなかったのです」という方もいます。

私がお会いして、お話ししている限りはそうは見えなかったので、どうやってそれを克服

されたかを聞いてみると、

「まだまだですよ。ただ、以前よりはボキャブラリーが増えました、質問に対しても、瞬発力は上がったと思うし、素直に自分の考えを言えるようになったと思います。これは、読書を続けてきたお陰だと思います」

とのことでした。

みなさんに、名言を残しましょうと言っているわけではありません。あなたはリーダーとして、大勢の方の先頭に立とうとしています、また、〝自分株式会社〟の代表として、凛としたオーラを発しながら生き抜くためにも、あなたの言葉がより多くの人の心に響けば、あなたに興味を持ってもらえるきっかけにもなります。

## 読書とは、心を落ち着かせ、同時に自分自身を変革・進化させるもの

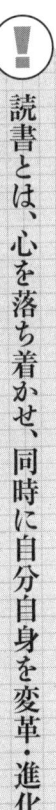

# 成幸社長の 他者比較

私は、メルマガなどでよく、「自分と誰かを比べたりしなくていいよ」と書かせていただくことがあります。

それは、世の中のほとんどの人が、自分と他人を比べることによって、自分の劣っている点や好ましくない点、はたまた弱点にスポットライトを当て、相手に対して劣等感を持つように、自分で仕向けているからです。

劣等感を持たない場合は、妬みに変わって攻撃的な態度に出たり、他人の足を引っ張るようなことをしかねません。

だから、自分と他人とを比べる必要はなく、あなたはあなたのままで十分にすばらしいということを、メルマガやブログで発信し続けてきたのです。

しかしこれからは、比べてもいいけれど、その後どうMMするかが大事であると伝えなければならないのかもしれません。

なぜなら、成幸社長のみなさんは、ご自分と他人を比べて比べて、比べ続けているからです。ただし、受信の仕方が根本的に違うのです。

成幸社長は、きわめて客観的に他者とご自分を比較されています。しかも、人生経営の資源と言われるもの、たとえば「人脈」「物」「お金」「時間」「情報」「立場」「経験」……すべてにおいてです。

そのすべての受信において、比べるターゲットが大きければ大きいほど、受信結果はひとつです。それは、「あの人にもできるのだから、私にもできるかも」ということです。

そして、次の受信姿勢がまたすばらしいのです。

「どうやったらできるのか。まずは、できることを真似してみよう」なのです。

この違いが、人生経営にとって大きな差になってくるのです。

「あの人はいいなあ。私には、とてもそんなことはできそうにない。私には無理」と受信するのと、「あの人ができたのだから、私にもできるかも」と受信することの違いです。

私たち人間には、無意識に自己防衛本能が働きます。否定的な受信が続くと、「そんなことまでして、成幸したいとは思わない」などと言い出しかねません。

そして、「私にもできるかも」と思った瞬間から、次の行動に移すまでが早いのです。

まず、できること、やるべきことを含めて、素直に自分の役割に対して、真剣かつ、がむしゃらに取り組むのです。努力しているのに、努力を努力とも思っていないのです。

それどころか、まわりが「社長、がんばっていらっしゃいますねぇ」と声をかけたとしても、彼らの答えはいつも同じです。「まだまだです。○○さんには追いついていません」「まだ足りません。□□社を超えていませんから」といった感じなのです。

成幸社長は、意識してそうお答えになっています。

もちろん、どの成幸者もごぞんじです、誰かに追いつくために、また誰かを追い抜くために事業を営んでいるのではない、ということを。

しかし、ご自身を奮い立たせるためのキーワードなのでしょう。ターゲットを絞って、「○○さんにできたのだから、私にもできる」という信念が根底にあるのです。

相手に勝った、負けたではないのです。自分自身の弱気に勝つということです。

さらに、もうひとつ付け加えておくと、成幸社長のみなさんは、そのターゲットになっていただいている方には、素直に感謝されています。

自分自身を奮い立たせてくださる方ですから、感謝しかありません。ここが、成幸社長たるゆえんなのかもしれません。

## 成幸者の受信は常に「あの人にできるのだから、私にもできる」

# 成幸社長のシゴト

「あなたの職業は何ですか?」と聞かれたら、あなたは何と答えるでしょうか。

もうひとつ、「仕事は何ですか?」と聞かれたら、あなたは何とお答えになりますか。

言葉の遊びで聞いているわけではありません。私は、「職業」と「仕事」は違うものだと思っています。

たとえば私の場合、現在の職業は「実践習慣形成トレーナー」と答えるし、仕事は「日本中の大人を元気にすることです」と、お答えしています。

職業とは、ただの便宜上の分類にすぎないものです。しかし仕事とは、自分が目指すものがあって、その実現のために行なっている行為で、誰かに喜んでいただいて、それによって対価を得るものなのです。

つまり、それをやっている人にとって、「夢」や「目的」や「ビジョン」として語られるものがあるのが仕事だと思うのです。

そう考えると、指示を待ち、指示されたことさえやらされ感の中でやり、不平不満を言いながらただやっているものは、「仕事」とは言えません。

この二つを区別するために、私は最近、あまり「仕事」という漢字は使わなくなりました。どう表わしているかというと、**「シゴト」**とカタカナで書くようにしています。

これはイメージの問題かもしれませんが、私のこれまでの人生の中で、最も強く自分自身に働きかけた、最も重要な言葉なのです。

そこで、本書では「シゴト」と表記させていただくことにします。

もちろん、この考え方も、数多くの成幸社長から学ばせていただいた結果でもあります。

成幸社長のみなさんに共通するのは、会社のビジョンもご自身の未来のイメージデザインも、必ずと言っていいほど「誰かのため」「地域のため」「社会のため」「日本のため」、なかには「世界のため」と、他人に喜んでいただく場面を明確に描いていることです。そして「職業」と「シゴト」を分けて考えている方もいます。

大きな夢を描き、そこに向かって「志高く」生きていらっしゃいます。

あなたは、「仕事」という文字から何を連想するでしょうか？

今、あなたが連想したものが、あなたの「仕事感」なのです。いい悪いではなく、その仕事感で日々過ごしていて、あなたの未来はワクワクドキドキのイメージを描くことができるでしょうか。

では、「仕事」のほかの言葉からはどんなイメージを受けるでしょう。

「仕事」……今、あなたが連想したイメージです。
「使事」……誰かに使われている・やらされているイメージでしょうか。
「死事」……出社して、仕事をしているふりはしているが、仕方なくすごしていませんか。
「私事」……自分の私利私欲のためだけに働いているのでしょうか。
「止事」……やっているふりをして、ずっと止まってはいないでしょうか。
「志事」……志を判断基準にして、自分軸を持って生きているイメージでしょうか。

以前の私は、何でもありだと思っていました。「志事」で生きることに憧れてはいたものの、実際はそんな人間ではありませんでした。

しかし、ひとつだけ決めていたことがあります。

**それは、「使事」「死事」「私事」「止事」は嫌だ**ということです。

以前は、「仕事」という言葉からくるイメージは、ともすると、仕方がない……、生活のため……、働かないと……といった表現ばかりで、漢字は違っていても、私の「仕事」のイメージは結局「使事」「死事」「私事」「止事」といったものばかりでした。

「志事」で生きようなどとは、以前はまったく思っていなかったのです。ただ、「このまま、ずるずると人生が終わったら、あかんやろー」ということだけだったような気がします。

そう考えたときから「シゴト」と表現し、自分自身の新たなイメージで生きていくことにしたのです。ここから、急激に人生が、自分の感じる、好ましい回転をしていくようになった気がしています。

その結果、今でははっきりと言うことができます。それは、私のシゴトは、**「日本中の大人を元気にする」**だと。

大人が夢を持ち、夢を語り、ワクワクしながらどんな困難にも笑顔で挑んでいる。そんな大人たちを見て、子どもたちが親を尊敬し、早く大人になりたいと、大人になって自分も夢に挑戦したいと、そのために今できる勉強やスポーツ、仲間づくりに元気に取り組んでいる。

――そんな社会を創り出すために、まずは大人の元気を取り戻したいと思っているのです。

いかがでしょうか。一度あなたの「シゴト」って何なのか……を考えてみるきっかけにしてください。

もちろん、将来やっていきたい「シゴト」についても同様です。

## 「志事で生きる」を意識する

# 成幸社長の肯定的受信

本書を読んでくださっている方は、プラス思考が大切だという話は、一度や二度は聞かれたことがあることでしょう。もし、入ってくる情報のすべてを肯定的に受信できるとしたら、そのままプラス思考になれるわけですから、効率的だと思いませんか。

プラス受信は、それほど難しいことではありません。すべての出来事を、好意的に受け取ると決めればいいだけだからです。

成幸社長は、みなさんこのプラス受信がお上手な方ばかりです。弊社の契約先の社長も、外部から拝見している限り、どう見ても困難な問題が目の前に現われたとしても、平気な顔で、「これでわが社も、また一段と成長するなあ」とおっしゃっています。

また従業員も、その社長の笑顔に安心し、実力以上の力を発揮されているということです。

では、もしこれが逆だったらどうでしょうか。

「たいへんだ。何とかしなければ会社が危ない」と、いつもあわてている社長だったら、社員も浮き足立った感じになるし、不安な気持ちにもなるはずです。それで、実力以上のものを出して乗り切ろうとしても、少し無理があるのではないでしょうか。

たとえば、私のシゴトのひとつに講演活動があります。参加者のみなさんの前に立ってお話をさせていただくのですが、次のような場面を想像していただけるでしょうか。

講演者の演台の上に、喉を潤すための水を用意していただいています。もちろん、演台の上には講演資料、そして平素から書き溜めた資料も置いてあります。

ところが、何かの拍子でその水差しが倒れたとしましょう。一瞬で、演台の上は水浸しになって、資料は使いものにならなくなったとします。

「ここに水差しを置いたのは誰ですか」

「この講演台がぐらつくって、どういうことですか」

と怒ってみても、資料は水浸しで使うことはできません。

では、これをプラス受信で考えてみましょう。

「あっ。これで、もう一度資料を作り直したら、自分の勉強になるな」

「ちょうど、資料が分厚くなってきて、整理するいいタイミングだ」

どう受信しても、事実はひとつです。水差しが倒れて演台に水がこぼれて、資料が使えなくなった、ということです。それ以上でもそれ以下でもありません。

しかし、目の前の出来事をどう受信するかによって、自らの感情や気分をコントロールすることはできます、そのうえ、その後の言動まで変わってきます。

前者の、怒りや不満で事実を受信してしまう私は、結局その事実が、「他者が原因で起こったこと」としてしまうため、何の反省もせず、次の講演会場でもまた同じところに水差しを置き、いずれまた、同じことが起こってしまうことになります。

後者の、資料を作り直すきっかけだと受け取る私は、次の講演会場では主催者の方にお願いして、水差しをペットボトルにしていただいて、倒れてもいいようにキャップを常に意識するようになるでしょう。つまり、プラス受信したほうが反省をすることになるのです。

成幸社長はみなさん、自分に起こる出来事を、どう受け止めればいいかを、あらかじめ決めています。みなさんは、「問題は何ひとつ起きていない」「本当の問題は、その出来事をどう捉えたかだ。捉え方ですべてが決まる」とおっしゃっています。

「ピンチはチャンス」という言葉がありますが、何でもチャンスと考えればいいと言っているわけではありません。その部分だけをMMしても、成幸社長になることはできません。ピンチは、誰が見てもピンチだからです。

目の前の状況をピンチだと言ってみても、事実は変わることはありません。だったら、チャンスという言葉を発することで脳に刺激を与え、どうやったら改善につながるかを考えましょう。これを乗り切ったら成長する。いや、挑むだけでも必ず成長する。だから、この現象はチャンスなのです。

だからこそ、「チャンス」と肯定的に受信するのです。この受信習慣を、平素から意識していただきたいのです。すべての出来事を、好意的に捉えて次につなげるだけでいいのです。

**すべての出来事は、チャンスとなる**

# 成幸社長の好意的受信

出来事は、まだ何とか肯定的に捉えることができたとしても、対人関係の場合はどうでしょう。

成幸社長はみなさん、「好意的受信」能力が高い方が多いようです。

では、「好意的受信」とは何でしょうか。これは実にシンプルなことです。相手の言動を、すべて好意を持って受け取るということです。

成幸社長は、いつも笑顔の方が少なくありません。

冷静に考えてみると、そうそう笑っていられることばかりが起こるとは限りません。

また、人間関係では嫌なことのひとつも言われたり、耳にすることもあるでしょう。なのに、いつも笑顔の社長が多いのには驚かされます。

一度、思いきって、ある方に聞いてみたことがあります。

「なぜ、社長はいつも笑顔でいられるのですか？　ときには、腹が立つこともあるでしょう」と。

その社長の答えは、「何をされたか、何を言われたかは、そんなに問題じゃないよ」というものでした。

そこで、私がさらに突っ込んで、「場合によっては、許し難いこともあるのではありませんか」と聞き返すと、丁寧に説明していただくことができました。

「そうかもしれないけれど、大切なことは、何をされたか、何を言われたかということより、それを、自分自身がどう捉えたかということだね」

「捉え方しだいで、自分の気持ちはどのようにでも変えることができるし、落ち着くこともできる」

「自分が、嫌だなと思うことも、相手がどういうつもりで言ったかわからないだろう。ひょっとしたら、相手は私に何かを気づかせようとしてくれたのかもしれないんだよ」

「私は他人からの発言を、すべて好意的に受け取ると決めているんだよ」

「もうひとつ言うと、私はそう決めて他人とお話をさせていただくようになってから、会社が順調にいくようになったんだよ」

ということでした。

私は、この話を聞きながら、自分自身が恥ずかしくなりました。

この頃は、いつも他人に対する愚痴や不平不満ばかりを言っていた時期だったからです。

それ以後は、まだまだなところもありますが、すべてを好意的に受信し、すべてを次の局面につなげていくように意識しています。

そのように意識していると、最初の頃はぎこちなく、「そうしなければならない」という感じで違和感があったのですが、最近では、以前よりも対人関係のストレスが少なくなくなった気がしています。

今では、自分の受信を好意的なものに変えていくことで、相手の発言までも変わっていくような気がしています。今までは、自分はさておき、相手にばかり、いろいろなことを求めていたのでしょう。

やはり、自分自身が進化、成長しなければならないのです。

成幸社長がみなさん栄えているのは、きっと自分自身を改めているからでしょう。自分自身をそのままにして、外にばかり変化を求める人は、遅かれ早かれ人生経営で不必要な困難に出会うことになるでしょう。

「極楽は、みな身にあり」という言葉があります。

外に幸せを望んでも、決してそれが実現することはない、ということです。そして、ないところにないものを求めて、自分で勝手にストレスに感じることになるのです。

だからこそ、「人事を尽くして天命を待つ」という言葉があるのです。

とことん何かをがんばる、ということも大切ですが、まず自分自身の、人との会話の受け取り方の癖を変えていくことが重要です。それは、誰にでもすぐにできる簡単なことです。意識をすればいいことだからです。

いろいろな方と出会うほど、対話の中からいろいろなことを学ばせていただくことができます。

きっと人生は、「他人と出会って、同時にもう一人の自分とも出会う」ということなのでしょう。

## 人から何を言われても、すべてがありがたいことです

# 成幸社長の客観的受信

「客観的受信」とは、「物事は客観的に冷静に分析する」ということですが、最も客観的に見ていただきたいのが〝自分自身〟です。

成幸社長はみなさん、自分自身の分析能力に長けています。

ここで、客観的思考と書かず、客観的受信と書かせていただいたのは、受信時にいかに冷静に、自分自身が、今どのような気分で目の前の現象を捉えているのか、どんな感情が湧いてきているのか、あるいは、このままだとどのような方向に考えてしまうのかを、いったん「感じる」という習慣が大切だからです。

実際は、脳が五感からの情報を認知するには0・5秒必要と言われていますから、その部分を変革するには、また別のトレーニングが必要です。ここでいう客観的受信とは、多くの成幸社長が無意識で行なっている、一種の〝幽体離脱感覚〟なのです。イメージとしては、地上で動いている自分自身を、もう一人の自分が高いところから眺めているといった感覚です。

たとえば、ピンチと思われる状況や出来事に対して、マイナスに捉えているなあ、暗い顔をしているなあ、うつむき加減で元気のない姿だなあと見えたとき、「これではダメだ。次の行動を考えよう。顔を上げて話をしよう」と、もう一人の自分から言ってあげるのです。

これは、好調なときも同じです。「何だかにやけているなあ。浮かれすぎじゃないか。地に足が着いてないぞ」――そのように見えたときは、「落ち着け。初心に帰れ。地に足を着けて行動しろ」と、自分自身に言って聞かせるのです。

対人関係でも同様です。幽体離脱感覚で最も大切なことは、離脱と同時に、自分の視座が上がっているということです。平面的に物事や対人関係を捉えるのではなく、立体的にその現象を捉えることができるようになるのです。私たちは、客観的に幽体離脱感覚で視座を上げて自分自身を見てみると、自分のことがわかることが多いようです。

成幸社長は、この客観的受信が自然にできているようです。

そのため、一瞬マイナスイメージを抱いたとしても、プラスイメージへの転化も早く、次のアイデアも湧き、決断も早い方が多いのです。

そして、何よりも自分自身のメンタルコントロールがお上手なのです。

## 幽体離脱で視座を上げて、自分自身を観察しよう

# 成幸社長の親孝行

なぜ、親孝行の話が受信習慣なのか？　と思われた方もいらっしゃることでしょう。

それは、親への感謝の気持ちなしに、何事も受信することはできないからです。

成幸社長はみなさん、ご家族を大切にしていらっしゃいます。とくに、ご両親への想いの深さには、いつも感心させられます。

当たり前のことですが、親とは自分自身のルーツです。親がいなければ、あなたはこの世に産まれてきていないし、また育っているわけではないからです。人にはそれぞれの人生があり、いろいろな環境や状況の中での親子関係があります。ご自身の親子関係については、それぞれの受け止め方があることと思います。

私自身も、子どもの頃から親を尊敬していたとか、大切に思っていたとは言い難いのですが、今となっては、親に対して感謝しても感謝しきれないと思っています。

静岡県内で、お腹だけでなく、心までも満腹になる居酒屋として有名な、岡むら浪漫の岡村佳明社長には、親孝行の重要性、また親孝行から心が揃ってくる、ということをいつも学んでいます。

岡村社長は、現在7店舗を経営されていますが、全店舗の屋号には、お父様、お母様をはじめ、御先祖様の御名前がつけられています。

お話を聞かせていただく中で、ご先祖様への感謝、ご両親への感謝、そしてその想いの深さにはいつも勉強させていただいています。

先日も、会話の中で「高齢の親父と手をつないで歩いたんだよ。自分でも驚いたんだけど、涙が溢れてきたよ。ナニメンさん（ナニワのメンターの略で、親しい方から、私はこう呼ばれている）は、親父さんと手をつないで歩いたことがあるかい」と聞かれました。

私は、答えることができませんでした。

それは、私の父が他界しているからということではなく、私は昔、社会的に悪いことばかりを繰り返し、警察のお世話にばかりなっていたときに父を亡くしているからです。

しばらくの沈黙の後、私の様子を感じてくださったのか、岡村さんが、ひと言こうおっしゃいました。

「ナニメンさん、親は神より偉いよね」

そうなのです。本当にそうなのです。

その日からは、私自身も親への想いを新たにして、毎日を過ごしています。

そう思って生きていると、自然と心のざわつきが少なくなってきたように思います。これが、〝心が揃う〟ということなのでしょう。

成幸社長がみなさん、親やご先祖様への感謝の言葉をよく口にされています。感謝する心が大切だということと、感謝するからこそ、自分の心が揃っていくということなのです。

心が揃っている状態で、日々の受信をするのと、心が乱れた状態で日々の受信をするのとでは、自分自身の言葉がまったく変わってきてしまいます。

今まで、数多くの社長とお付き合いをさせていただきましたが、「親」を大切にしていらっしゃる方に成幸社長が多いのは、きっと必然でしょう。

そもそも、チャンスとは私たちに訪れるのではなく、私たちがチャンスを見つけるのです。

もちろん、心が揃っている状態でいないと、チャンスに気づかない場合もあります。

そして、心が揃っている状態だから、その目の前のコト（チャンス）に対して、迅速な決断を下して、すばやくつかみ取ることができるのです。

親孝行、そして親を想う気持ちを持つ、そしてそれを行動に移す。そのこと自体が、あなたの受信アンテナを磨くことになるのです。

## 親を想い大切にしない限り、成幸はない

# 成幸社長の 尊敬

この項では、成幸社長が、まわりのみなさんから尊敬されているということをお話ししたいわけではありません。

みなさんが、この「尊敬」という言葉から連想されるものは何でしょうか。

成幸社長はみなさん、「自分自身の軸」というものをお持ちのように感じています。

現在の自分自身の好ましい点と好ましくない点、そして強みや弱みを受け入れる能力が高い方が多いようです。それは、自分自身に気づく力です。

まあ考えてみれば、これは当たり前のことかもしれません。その能力が高いからこそ、強みを伸ばし、足りないものを積極的に学ぶことで自分のものにすることができたのです。だからこそ、成幸社長の道を歩んでいるのですから。

今の自分自身について気づいたことのすべて認めて受け入れるとか、自己肯定感が大事という話は聞いたことがあると思います。

しかし、実際にはなかなかそれができない、とおっしゃる方が少なくありません。

成幸社長はみなさん、今の自分のすべてをいったんは認めて受け入れるということができています。なぜ、成幸社長は今の自分を受け入れることができるのか？　その理由のひとつが、**両親を尊敬している**ということです。

　両親とは、言うまでもなく自分自身のルーツでもあります。両親がいなければ、今の自分がいないということです。個人的には、みなさんいろいろな事情があるとはいえ、両親に育ててもらったからこそ、今の自分があるのです。

　そんな、当たり前のことを……とおっしゃる方もいると思いますが、ではその自分自身の原点に、あなたは感謝しているでしょうか。

　自分自身が起業し、いや起業しなくても、一人の人間として人生をまっとうしようとするなら、その原点である「親」への想いは、絶対に忘れてはならないものです。

　私自身も、両親が生きているときに、「自分自身が生かされている原点」に感謝することができていたなら、私自身の人生ももっと違う形で動いていたのではないかと思います。

　これからは、今は他界してしまった両親に対して、恥ずかしくない生き方をしたいと考えています。

　今できること、つまり、両親に対して常に尊敬の念を抱き、旅先でも両親をイメージして手を合わせて、毎朝誓っています。

「今日も一日、お二人の息子として全力を尽くし、他人さまのお役に立つ人生にします」

毎日のこのスタートが、自分自身への激励にもなるし、自分に対する誓いでもあるのです。人生を、さらに成幸への道を歩み、より多くの方とともに幸せな道を歩んでいこうとするなら、まずは今現在の自分自身を認めて受け入れること、そしてその原点には、両親への尊敬の念があるということを忘れてはならないのです。

## 成幸社長は、みなさん両親を尊敬している

# 成幸社長のツキの流れ受信

これは、〝**流れに乗ってみる**〟ということです。

流れに乗るのと、流れに流されるのでは、天と地ほどの違いがあるのでご注意ください。

業種業界を問わず、さまざまな会合やコミュニティに参加されることもあるでしょう。あなたが成幸社長を目指すのであれば、尊敬する方から勧められたものには、積極的に参加するようにしてください。

あなたが尊敬する方からのお勧めやアドバイスなのですから、ぜひ素直に受け入れて、その流れに乗ってみればいいのです。

そこで、いろいろな話を聞くことができるでしょう。また、さまざまな方との出会いもあることと思います。そして、これからの人生で「あのときの出会いが、今の私につながっている……」といったことがあるかもしれません。

さて、成幸社長はみなさん、その方なりの「ツキ」をお持ちです。

その「ツキ」というのは、流れの中で引き寄せてキャッチすることができるものです。

そして、「ツキの流れ」は人との出会いによって変わっていくのです。どんな人と出会い、お付き合いするかによって、あなたの「ツキの流れ」は変わっていくのです。

成幸社長の特徴は、みなさん情熱的ということです。みなさん、シゴトに対してたいへんな熱意をお持ちです。

そして成幸社長は、シゴトに情熱を注ぎ、熱心な人と付き合われています。

これは、情熱を注ぎ熱心にシゴトをしていると、自身のまわりに、自然に同じ波動を持った人を引き寄せてしまうということです。

成幸社長になったから、シゴトに熱心な人が集まってきたわけではありません。

シゴトに熱心に取り組んできたからこそ、同じ波動を持った人が集まってきて、成幸への道筋ができていった、ということです。

逆に、熱意のない人たちは、シゴトにいい加減な人と付き合っているように思われます。

ということは、流れに乗って「ツキ」の流れを受信するために大切なことは、その流れの中にシゴトに対する「情熱」や「熱意」があるかどうかということです。

これは、あなたが見きわめるものではありません。

あなた自身が、日々情熱や熱意を持ってシゴトをし、生きているか、ということによって、「ツキ」の流れに乗れるかどうか、が決まるということです。

松下幸之助氏の言葉にもあります。

「熱意は磁石である」と。
また、株式会社サンリの西田文郎会長のご著書にもあります。
「熱意を持て。熱意こそが、ツキや幸せを引き寄せる強力な磁石なのだ」と。

## ! 情熱と熱意がツキの流れを引き寄せる

# 3章

# 成幸社長の言語習慣

# 成幸社長の「今日の言葉」

私は、多くの経営者の方々とお会いする中で、長い間ずっと疑問に思っていたことがありました。それは、みなさん同じように努力をしているはずなのに、好業績を上げている方とそうでない方がいらっしゃる、ということです。

この両者は、いったい何が違うのか……地域性なのか、それぞれを取り巻く環境なのか、あるいは従業員か、はたまた何か決定的なものが他にあるのか……ずっと、そのことが疑問だったのです。

私の師の一人である、株式会社サンリの西田文郎会長は、こうおっしゃいます。

イメージ＝結果であると。

西田先生は、長年にわたって脳の研究をされ、経営者の指導やトップアスリートのメンタルトレーニングを通じて、数多くの成幸者のお手伝いをされ、また作家としても数多くのベストセラーを世に送り出しています。

その西田先生の著書の中に、『人生の目的が見つかる魔法の杖』（現代書林発行）という本があります。私の大好きな本の一冊でもあります。

この本を読み、そして西田先生から脳の仕組みについて学ばせていただき、その疑問を解決することができました。

これもまた、実にシンプルなものでした。

成幸社長は、物事をなす前から、成幸イメージができているということ。そして、自分は成功するのだと、明確な意思決定がされているということです。

ぜひみなさんも、あなた自身の成幸イメージを意識してみてください。

ではここで、どうやったら、成幸イメージを創り出すことができるのか、というお話をしましょう。

そのポイントは、ただひとつです。自分自身の発する言葉で、成幸イメージを創り出すのです。

私たち人間の脳は、私たち自身が発した言葉に対して忠実に反応し、その言葉通りのイメージを創ってくれるのです。

成幸社長は、まず彼らが発する言葉の意味合いも語尾も、われわれとはまったく違います。

「できるだけやる」と**「必ずやる」**

「できると思う」と**「できる」**

「こうなれば最高だけど」と**「こうなるに決まっている」**

前者と後者では、言語が思考に与える影響は天と地ほども違う、ということなのです。

そして、それだけではありません、成幸社長同士で会話をしていると、お互いの発した言葉の力によって、お互いを刺激し合い、ますます脳が活性化されて、どんどんアイデアが浮かび、またそのアイデアに新発想が重なって、あっという間に新規事業の骨子ができ上がっていくという光景にも、たびたび出くわしたことがあります。

そして、もうひとつ大切なこと。

それは、語尾を言い切ることによって、脳の中での意思決定がしやすくなる、ということです。誰かから頼まれたことでもなく、また他人にやらされていることでもなく、自分自身の判断でやっていることだからです。

つまり、未来の自分自身が創り出すイメージなのです、まわりの環境や状況は関係ないということです。

ですから、まずは自分がなりたい理想の自分、世の中に生み出したい理想の会社を描くようにしましょう。その手助けとして、言葉を活用するのです。

いくら、「○○ができる」「○○になる」という言葉を連発してみても、真に自分が求めないものはやる気にはなりません。「○○ができたらいいな」「○○になれたらいいな」という言葉を何万回唱えたとしても、脳の中では白黒がはっきりつかず、意思決定ができないまま保留状態になるからです。

もちろん、この状態ではいくら努力したとしても、成果に結びつくことはありません。

「諦めなければ夢は叶う」という言葉もよく耳にします。

なぜ諦めないのか——それは、自らが意思決定したことだからからです。もちろん、やりたい理由や諦めない理由もあるのでしょう。そのすべてを、肯定的な完成形で言葉として発するのです。誰も聞いていなくてもいいのです。自分自身の耳が、一番近いところで聞いているからです。

今日からは、自分が発するすべての言葉の語尾を、**「できる」「必ずやる」**に変えてみましょう。言語が思考を創るのです。意思決定という、責任を伴った思考を創り出しましょう。あなたが発した言葉でイメージを膨らませ、自ら意思決定を行ない、それをやり続けるという習慣を創り上げていけばいいのです。

これは、意識して繰り返し反復すれば、誰にでもできるようになります。まずは、肯定的な言葉を使って、自分を元気にする言葉をたくさん使うようにしましょう。

## ! 未来のイメージは、今あなたが使っている言葉によって創り出される

## 成幸社長のほら吹き

成幸社長は、みなさん〝ほら吹き〟です。

しかし、勘違いをなさらないように。これは、〝嘘つき〟ということではありません。ほら吹きと嘘つきは、まったく異なります。ほら吹きは、物事を大きく言う人を指し、嘘つきとは、事実とは異なることを信じさせようとする人です。

たとえば、今サラリーマンで年収480万円の人が、「私は年収1000万円あります」と言えば、それは嘘つきです。しかし、「私は、起業して5年後には年収1000万円になっています」といった、未来に対する発言なら嘘つきではありません。

その人を、まわりの人がどう見るかはわかりませんが、現在の事実を認めたうえでの未来への自分への期待なのですから、自分の好きに表現すればいいのです。

私が懇意にさせていただいている成幸社長の一人に、大阪に本社があり、リフォーム業界で大躍進され、今や日本全国、そして世界へと事業規模を拡大しようとしている、株式会社CONY JAPANの小西正行社長がいらっしゃいます。

小西社長は、18歳で建築職人の世界に飛び込み、22歳で個人事業主として独立、24歳で会社を設立されました。

その後、生まれてはじめてセミナーという、他人の話を机に向かって聞くという経験をされ、そこで「人生は、目標を持たないとダメなんだ」と強く思われたそうです。

まあ、ここまではよく聞くお話ですが、ここからが他人とは違うところです。

何と、年商が数千万円だった当時の会社を、「10年後に30億円にする」と宣言されたそうです。もちろん、まわりは驚きというか、社長は頭がおかしくなったのではないか、と心配されるほど、いつも言葉に出して言っていたそうです。

そんな小西社長は、私に言わせると〝ほら吹き社長〟です。そうです、ほらを吹き続けたのです。

ご自身がぶち上げた「ほら」に、どうしたらそうなれるかを徹底的に考え、チャレンジされたのです。そして、いつしかその「ほら」に、従業員も関係会社も巻き込まれていき、11年後には売上30億円を達成し、40歳の今では海外進出や介護事業、そして飲食業界にも進出し、1000億を目指すと、おおいに「ほら」を吹かれています。

とは言え、すべてが順調だったわけではありません。コトをなすにあたっては、さまざまな困難な場面があったと聞いています。

小西社長は、これまで何冊もの書籍を出版されています。それらの書籍には、起業や繁栄に必要な「心質」「決断」「スピード」などのヒントが満載です。

「ほら」を吹いてもいいのです。その「ほら」に未来の自分自身を重ね合わせて、そうなるために何をするべきかを、徹底的に考えて行動してみるのです。

先日、ある講演会の終了後、30代前半の男性の方から、「ほらを吹くのはいいですが、数年後にそうならなければ、嘘をついたことになりませんか?」という質問をいただきました。

私は、「なぜ、そのような質問をしたのか、考えてみてください」と、聞き返してみました。

すると彼は、「独立を考えているのですが、きっと、自分に自信がないのかもしれません」と答えました。

本書をお読みいただいているみなさんも、同じ疑問があるかもしれません。

その質問に対して、私はこう答えました。

「今の自分を基準に考えるからですよ。未来の自分を信じてあげなさい」

「未来がなりたい自分をイメージして、それを言葉にすればいいのです。そこに向かってチャレンジしてみないと、できるかできないかなんて、わかりませんよ」

「一生ほらを吹き続けなさい。絶対に成功しますから」

この「一生ほらを吹き続けなさい」というのは、数多くの成幸社長の特徴です。「ほらを吹く」とは、未来の自分が成し遂げたいことを、数値化して言い切るということです。

成幸社長は、常にそのことを言い続け、そして24時間どうすればそうなれるかを考えています。

きっと、脳がその「ほら」に向かってロックオンされていて、間違いなくワクワク脳で、自分の「ほら」が、もう手に入った状態になっているのでしょう。

逆に、「ほらを吹き続けない」人は、月日が流れていくうちに、自分の「ほら」さえ忘れてしまって、諦めてしまうということになるのです。

「ほら」を吹き続けましょう。それも、繰り返し反復しましょう、脳に、「これは重要なことなのだ」と刷り込んでいくのです。

**!**

**「ほら」を吹き続けることで、自分自身をやる気にさせ、まわりも巻き込む**

## 成幸社長の自己暗示

自己暗示と聞いて、あなたは何を連想されるでしょうか。

アファアメーションや、あるいは、本書を手にしている方なら、脳科学の観点から脳の特徴をつかみ、マインドをリセットし、自己暗示をかけてできる自分に変貌していく、というようなことでしょうか。

もちろん、それは重要なことだし、数々の勉強法やプログラムも出ているので、みなさんの中にも、チャレンジされた方がいるかもしれません。

さて、ここではナニワのメンター流自己暗示のシンプルなものをお伝えします。

それは、眠りにつく直前の言語習慣と朝目覚めたときの言語習慣です。夜眠りにつく直前の言葉と、朝目覚めたときの第一声はとても重要です。私たちの、顕在意識にも潜在意識にも、スイッチがついているとお考えください。

顕在意識のスイッチは、起きているときがONの状態、眠っているときがOFFの状態で、潜在意識のスイッチは、生まれてからこの命が終わるまで常にONなのです。

発した言葉は、それを言ってしまった瞬間、自分自身の脳に入力されることになります。

その時点で眠りにつくと、顕在意識のスイッチはＯＦＦになり、その最後の言葉が睡眠時間中、潜在意識の中に浸透していき、さらに発酵していくとお考えください。

ですから、肯定的な言葉で一日を締めくくると肯定的思考が、否定的な言葉で締めくくると否定的な思考が、睡眠中に脳の中に浸透していくことになり、その結果、たとえば６時間睡眠を取っている方は６時間、その言葉が熟成されることになるのです。

ではここで、顕在意識のスイッチがＯＦＦになる前、つまり眠る前に成幸社長のみなさんがよく使っている言葉の例をご紹介します。


**「明日も、すばらしい一日になるぞ」**

**「今日はとてもいい日だった。明日も素敵な日になる」**

**「明日も、シゴトは順調に進んでいく。ありがたいことだ」**


実際には、心からそう思えない日もあるでしょう。でも、それでもいいのです、そう思うことより、笑顔で言葉のイメージを創り出すことが大切なのです。

脳は、実際に体験したことも、イメージしただけのことも、そのどちらも記憶に残します。

脳は、現実とイメージを区別できないという特徴を持っているため、肯定的な言葉を発し、その言葉にヒモづけされているイメージを描いたまま眠りに就くと、そのイメージの記憶は睡眠中も、しっかりと潜在意識の中に浸透していくことになります。

次に、朝目覚めたときの第一声です。こちらも、一部ご紹介します。

**「今日も、素敵な一日のはじまりだ」**

**「今日も、たくさんの人のお役に立とう」**

顕在意識のスイッチが、ONになった瞬間の第一声です。はっきり言って、一日はこの第一声によって決まると言っても言い過ぎではありません。

そして、重要なことはこの次の瞬間です。

起き上がってからでもけっこうですが、できたら、まだベッドに横になったままでやるべきことがあるのです。

それは**「決意」**です。

私たちは、何らかのお役目があるからこそ、今日も生きているのです。そして、成し遂げたいコトがあるから目が覚めるのです。ですから、何気なく朝が来たわけではない、と私は考えています。自分は「何のために目が覚めたのか」を、毎日確認してから起き上がるように習慣づけてください。

「起業して、社会に役立つ会社を創る」

「社員を、物心ともに豊かにするために今日も目覚めたのだ」

「地域のみなさんに、喜んでいただける店を創るために目覚めたのだ」

毎日毎朝、自分自身の「決意」を確認するようにしてください。これこそが、自己暗示なのです。もちろん、就寝前と目覚めの第一声がセットなら、より効果的です。

成幸社長は、みなさんそれぞれの使命感を持って経営をされています。

では、あなたの使命って何なのでしょう。そして、あなたはその使命を毎日確認しているでしょうか。

ぜひ今日から、就寝前と目覚めの言語習慣を実行し、そして決意を確認し続けてください。

**「今日は、とてもいい日だった。明日も最幸の一日になる」**

**「今日も最幸の一日がはじまった。ツキまくりの一日のはじまりだ。たくさんの方のお役に立とう」**

**「日本中を元気にするために、今日も目が覚めた」**

あなたなりのワクワクする言語で、毎日続けてみてください。

成幸社長のみなさんは、この些細な取り組みを人生経営の中でも、とくに重視されているようです。

## ！ 自己暗示で、自分自身をワクワク脳にしてしまおう

# 成幸社長の他者暗示

成幸社長のみなさんは、どんな困難なことでも、やりたいと思ってしまうと、「私はできる」と、自分自身に暗示をかけて行動に移しますが、さらに、みなさんまわりをやる気にさせるのがお上手です。他者に暗示をかけ、一緒に困難に挑んでいく仲間づくりが重要なのです。

誰もがその重要性を知りながら、なかなかできない——それが、まわりをやる気にさせるということなのです。

自分一人、あるいは自分だけの努力では成幸は成し得ないと知ってはいるものの、家族や仲間、同僚や部下に協力を仰ぐどころか、ともすれば反感をかってしまうことも少なくありません。

がんばってシゴトをしてもらおう、より勉強してもらおうと、部下に指示指導を繰り返してみても、こちらの意図通りに動いてもらうことは、なかなかできません。

その原因はいろいろとあるとは思いますが、「暗示」という切り口でお話しするなら、上司の発言によって、「やる気が出ない暗示」がかけられているのかもしれません。

成幸社長のみなさんは、部下への「やる気暗示」がとてもお上手です。

仕事柄、成幸社長とその社員の方々とお話しさせていただく機会があります。そうしたとき、いつも社長の発言には感心させられます。

みなさんの共通点は、いくら厳しいお話をされても、最後には社員のみなさんがやる気になってしまう、ということです。

これは、目標数字やプロジェクトの進捗状況などの好調な話ばかりとは限りません。あるときは厳しく指摘し、また、全体を鼓舞しなければならないときもあります。

会議に同席させていただいても、「あれ？　この会議は最後にどうなっていくのだろう。これで、みんなやる気になるのかなあ」と心配になることもありますが、それでも最後には、みなさん表情が引き締まり、やる気に満ち溢れていくのが、手に取るようにわかります。

成幸社長は、「やる気暗示」の魔法の言葉を、心の底から信じて使っているのです。

最後は……

**君たちは、やればできる**

**君たちを信じているよ**

という言葉です。

「たったそれだけのこと」と思われた方もいらっしゃるでしょう。

はい……それだけのことです。

しかし、こういった言葉だけをMMしないようにしてください。

ここに書いたとおり、「心から使う」のです。

心の底からそう思い、心からの言葉で「君たちは、やればできる」と投げかけられるから「期待してくれているんだ」と反応し、「君たちを信じているよ」と投げかけられるから、「信頼されているんだ」「愛されているんだ」という反応になり、それが相手への肯定的な「やる気暗示」となるのです。

私たち人間は、会話の中の最後の言葉に、とくに強く反応するようにできています。

たとえば、「厳しい環境の中だけど、がんばろう」と「がんばろう、だけど現状は厳しい」と聞くのとでは、どちらが「よし！」と感じ、「さあやろう！」という気持ちになるでしょうか。

もちろん、「厳しい環境の中だけど、がんばろう」と、お答えになるでしょう。これは、わかりやすく説明するための一例です。

ともすると、私たちは他人に対して、「もっとやる気になっていただこう」「もっと元気になっていただこう」とは思ってはいるものの、「やる気暗示」どころか、「マイナス暗示」をかけてしまっていることが少なくありません。

ぜひ、今日からは「頼んだ仕事はできているのか？」を「君を信じているよ、頼むよ！」に、そして「勉強しなさい！」を「やればできるよ！」に変えて、部下や同僚、そして子どもにも「やる気暗示」を投げかけてください。

こうすることによって、ますます、あなた自身もやる気になっていくはずです。

成幸社長だからそれができるようになった、というわけではありません。他者に対して、「やる気暗示」を投げかける習慣があるからこそ、まわりを巻き込み、成幸社長になることができたのです。

## 「やればできるよ」――相手のことを思って、心の底から使おう

## 成幸社長の禁止ワード

次に、成幸社長が絶対に使わない言葉があります。

あらかじめお断わりしておきますが、成幸したからその言葉を使わなくなったのではなく、その言語を使わないと決めて実践したから、成幸されたのです。

その言葉とは、

「〇〇しなければ」

です。

人生は、今その人がどんな言葉を使っているのかによって、その人の未来が創り出されていきます。ですから、成幸社長を目指すには、常に脳をワクワクした状態に保ちながら行動していく必要があります。そのワクワク脳を創り出すのに、決定的に足を引っ張る言語が「〇〇しなければ」なのです。

この「〇〇しなければ」を口から発した瞬間、脳にはマイナス感情のイメージが伝わり、義務感やプレッシャーを生み出します。その結果、ワクワク感なんて、どこかに吹っ飛んでしまうことになります。

この言葉を発した瞬間から〝やらされ感〟が広がり、がんばろうという感情や楽しさが失われていくことになるのです。

よくよく考えてみると、好ましい成果が出たときは、必ずワクワク感を感じながら、事に臨んでいたはずです。その反面、好ましくない結果に終わったときは、どこかにやらされ感や義務感のようなものが存在していたのではないでしょうか。

つまり、イメージ＝結果なのです。

自分自身の未来のことですから、ワクワク脳でスタートするのは間違いないのですが、それが続かないのは、この自分自身の発する決定的なマイナス言語を、どこかで使ってしまっているからです。

成功と失敗の分かれ目は、その行動が、肯定的な感情によるものだったのか、否定的な感情によるものだったのかによって決まり、成功は、肯定的感情があったときにだけなし得る、と株式会社サンリの西田文郎先生もおっしゃっています。

成幸社長のみなさんは、自分自身の脳をワクワク状態に保つことを、平素から実践されているのです。

さあ、今すぐ実践です。「○○しなければ」をあなたのボキャブラリーからなくしていきましょう。もし、間違って使ってしまったら、そのときはすぐに言い直すようにしてください。

「○○したかったんだ」「○○するよ」、いっそのこと「任せておいて」というのはいかがでしょうか。

ワクワクすることを夢にし、具体的に目指していきましょう。

ワクワクしないことは夢とは言えないし、しなければならないことは、苦痛でしかないからです。

「○○しなければ」を一掃して、常に楽しいイメージだけを描く「心質」にしていきましょう。

まずは、自分自身が使う言葉を「○○したかったんだ」にして、脳が「未来は楽しそう」と想う癖をつけましょう。

## ワクワク脳をキープするため、使う言葉、使わない言葉を決めて習慣づける

# 成幸社長の「何のために」

成幸社長の定番言語その1は、**「何のために」**です。

本書をお読みくださっているみなさんは、「何のために、今の仕事をしているのか？」という言葉を一度や二度は聞かれたことがあることと思います。

さて、あなたご自身の答えはどんなものだったでしょうか。

成幸社長になるための習慣ということは、「社会的によいこと」をイメージしますが、それは少し違います。

その答えは、いたってシンプルです。まずは、**「自我の欲求を満たすため」**でいいのです。

改まって「何のために」と聞かれると、社会的によいことや社会のためになることを想像しがちですが、決してそんなことはありません。

「とにかく、社長になりたい」
「お金持ちになりたい」
「自社ビルがほしい」
「大豪邸に住みたい」

「ブランド物の洋服が着たい」

何でもいいのですが、それが現時点のあなたの「何のために」の答えなのです。

最初は、それでいいと思います。まずはそのあなたの自我の欲求のために全身全霊で目の前のことに挑んでいくようにするのです。

そして、その過程で「何のために」は変化していく、と私は考えています。

誰もが、その過程の中で気がつくことがあります。

「それを手にすると、どうなるのか」「それだけではないような気がする」と。これは、それらを手にしても、何も変わらないということではありません。

その欲求を手にしたときの状態が、あなたに似合っているかどうか、ということです。

似合うということは、見た目の問題ではなく、その人のあり方や生き方のことです。

どれだけお金があり、ブランド物に身を包んで高級車に乗っていたとしても、その車から降りてくるあなたはどんな人でしょう。

すべてのモノが、さり気なく自然にあなたのまわりに存在している感じなのか、それとも、とってつけたようにぎこちない感じなのか、そこが重要なのです。

似合っているか……という表現を使いましたが、結局行き着くところは人間力なのです。

成幸社長のみなさんが、最初から「社会に役立つ夢」や「誰かを応援すること」を目指していたかというと、案外そうではないと思います。

彼らの多くは、自我の欲求からはじまり、そこに向かって全速力で突っ走っている中で、何かに気づかれるのだと思います。

それが、**「一人だけで成幸するのは難しいことだ」**ということです。

もちろん、自我の欲求を100%捨てるわけではありませんが、それだけではなく、誰かのため、地域のため、業界のため、日本のためと、ご自身の「何のために」に、社会性あるものを追加されているようです。

そして最終的には、自我の欲求が後回しになっている方もいますが、それは決して遠慮ではなく、真に大事なことに気づいているのです。

その大事なこととは、**自分が成幸したければ、まず目の前の人を成幸させる**ということです。

そして、一人より二人、三人と同じ想いを持った仲間を増やしていこうとすると、その「何のために」が、より社会性のあるものとなっていくのです。

付け加えておきますが、とにかく社会性のある「何のために」を持ちましょうと言っているのではありません。行動が伴わない、体裁だけがいい「何のために」を持ってきても、成幸社長への道が開かれることはない、ということなのです。

私も、運よく多くの成幸社長とお付き合いをさせていただいていますが、全員が今この瞬間も、全身全霊で目の前のことに挑んでいる方々ばかりです。だから、みなさんがお互いに協力し合えるのです。

**最初は自我の欲求でもかまわない。ただし、全身全霊で挑むこと**

# 成幸社長の「どうしたら〜」

私の尊敬する経営者の一人に、東京都江戸川区に本社がある、株式会社ＨＳコーポレーションの星野修代表取締役がいらっしゃいます。平成4年12月に、一店舗目の整骨院を開業され、現在は都内で16店舗を経営されています。

私はここ数年、星野社長に幾度となく救われています。それは、星野社長の「質問力」によってです。

私の軸がズレかけているとき、いつも私の話を聞いてくださるのです。これは、ありがたいことです。

「それで、ナニメンさんは何がしたいの」

**「それで、どうしたいの」**

自分ではわかっているはずなのに、どうしても答えることができません。こんなときは、自分自身が経営者としての目的と成果が明確ではなくなっている、つまりブレているときなのです。

星野社長ご自身も、理念である大家族主義を浸透させて店舗を拡大させていくとき、ご自身に向かって、常に質問をしています。

「自分は、どこに向かっているのだろう」

「自分は、どうすればさらによくなるだろう」

という質問を、自分自身に浴びせる思考習慣の回路を持っているのです。

それは、私たち他者に対してもそうです。いつも、他者自らが気づくような質問を投げかけているところを目にします。

「質問力」とだけ表現すると、世の中にはたくさん本も出ているので、みなさんも一度や二度は、スキルとして聞いたことがあるかもしれません。

ではここで、少し具体例をお話ししますが、まずはシンプルに覚えてください。

それは、

**「どうしたいのか」**

**「どうしたら、よくなるだろう」**

という、この言葉だけです。

みなさんぜひ、「どうしたいの」「どうしたら、よくなるだろう」ということを意識してみてください。

たったこれだけの質問を、自分自身に投げかけることによって、人生の成果が大きく変わってくるのです。自分自身の未来のために、自分自身に質問してみるのです。

たとえば、成幸社長の質問は、

「私は、将来どうしたいのか」

「どうしたら、もっと利益を生み出すことができるのか?」

「どうしたら、このピンチをチャンスに変えることができるのか?」

「どうしたら、もっと従業員が豊かになれるのか?」

というように、「ほしい結果」にスポットライトを当てて、自分自身に質問を投げかけています。


これは、好ましい状況のときでも好ましくない状況のときでも、いかにプラスの方向へ持っていくか、しか考えていないからです。

好ましい状況のときは、「どうしたら、もっとよくなるのだろう」で、好ましくない状況のときは、「どうしたら、よくなるだろう」という質問を、自分自身に投げかけているのです。

不平・不満社長、あるいは、「苦しい苦しい」が口癖のような社長は「何が原因で儲からないのか?」「お客が悪いのか」「従業員が悪いのか」「取引先が悪いのか」「景気だ、いや政治だ」というように、「できない原因、やらない原因」にスポットライトを当てて自分自身に質問を投げかけています。しかし、この種の質問はあまり意味をなしません。

常に「ほしい結果」を、「未来の自分」をイメージして、自分自身に質問するようにしてください。

ここで、さらにもうひとつ付け加えておきます。質問力の鍵になるのは、ここで書いた通り、「質」が前向きということが前提ですが、「量」も重要なので、なるべく多くの質問を投げかけるようにしてください。

自分自身に向かって、常に問いかけることです。

好ましい結果で、順調なときは、「どうしたら、もっとよくなるだろう」と。

逆に、うまくいっていないと感じるときは、「どうしたらよくなるだろう」と問いかけるのです。

**!**

**「どうしたいのか」「どうしたら、もっとよくなるだろう」を自分自身に投げかけよう**

# 成幸社長の「はい」

成幸社長は、返事が気持ちいい人ばかりです。

「はい、わかった。やりましょう」

「はい。任せてください」

「はい。とにかくやってみましょう」

と、みなさんの会話を横で聞いていると、直接関係がない私までやる気になってきます。

みなさんは、毎日何回くらい「はい」と返事をしているでしょうか。

ご家庭でも学校や職場でも、あなたの名前を呼ばれることはあると思いますが、あなたはきちんと「はい」と返事をしているでしょうか。

最近は、私どもが社員研修に入らせていただいている企業では、サービス業、接客業でなくても、朝礼で「はい」の訓練を行ない、高校生のクラブ活動でのメンタル強化の指導でも、練習前には「はい」の訓練を実施していただいています。

なぜなら、私たちの脳は、「はい」という返事までに1秒もかかっていると、ついつい過去の好ましくないデータの蓄積から、前向きな感情になることができないと言われているからです。そのため、朝礼や練習前には、必ず「はい」の訓練（お互いに、瞬時に「はい」という返事を返し合う）を提案しています。

プロスポーツ選手を含む、数多くのトップアスリートのメンタルトレーニングをされている、株式会社サンリの西田一見社長は、常々こうおっしゃっています。

「感情脳に0・1秒、さらに0・4秒で思考ができる！」

「脳が否定的になる前に、0・2秒でYESと返事をしなさい」

「感情脳の情報で、マイナス思考になるヒマを与えるな」

私自身も、西田一見社長から学ばせていただく中で、この「はい」という返事の大切さを実感している一人ですが、成幸社長のみなさんは、あらゆる場でこれを実践していらっしゃいます。

成幸社長の会社にお邪魔をしても、社員のみなさんの返事は0・2秒の「はい」です。よく考えてみたら、自分の名前を呼ばれているのです、何か用事をしていたとしても、電話中以外は、はっきりとした声で「はい」と返事をするのは当たり前のことと言っていいでしょう。

今日からあなたも、「はい」と即座に返事をすることを意識してみませんか。

ご家庭でも、「おとうさん」「おかあさん」とお子さんから呼ばれたら「はい」。

職場で上司から呼ばれたら、大きな声で「はい」。

職場で部下や同僚から呼ばれたら、はっきりとした声で「はい」。

わずか0・2秒です。まあ、考える暇なしということです。これを実践することで、自分までやる気になってくるはずです。

そして、それだけではなく、「はい」という0・2秒の返事を、あなたが実践し続けることによって、副産物とも言えるものが得られます。それは、あなたのまわりにワクワク感が伝染していくということです。

単に、自分の名前を呼ばれただけかもしれません。しかし、即座に「はい」なのです。少しイメージしてみてください、「はい」という言葉の後に考えることとか、出てくる言葉などです。

いかがでしょうか。どう考えても、否定的な言葉は後には続かないでしょう。逆に、どちらかというと、前向きな言葉が出てくるイメージのほうが強いのではないでしょうか。

そうなのです。0・2秒で「はい」という返事をすることによって、脳がワクワクした状態になりやすくなるのです。

「はい」と答えた後に、いろいろな難題を提案される場合もあります。しかし、そんなときでも、脳がワクワク状態になっているのですから、最初からできない理由を考えたり、無理ということから考えはじめるのではなく、何とかできる方法はないだろうか、と思考回路が動きはじめることになるのです。

成幸社長になるための、大切な「はい」という返事の副産物をご理解いただけたでしょうか。子どもにも、同僚や部下にも、その0・2秒の「はい」が伝染したとするなら……考えただけで何だかワクワクしてこないでしょうか。

成幸社長のみなさんは、意識して、この「はい」を使っています。そして、従業員のみなさんもまた、0・2秒の「はい」という返事ができるようになっているのです。だからこそ、会社全体としても、成幸社長ご自身も、ますます進化し続けることができるのです。

## 0・2秒の「はい」が人生を進化させる

# 成幸社長の「幸せです」

成幸社長のみなさんは、よく「幸せです」「今、幸せだよ」とおっしゃいます。

しかし、「成幸しているから幸せ」ということではないのです。

成幸社長への道の原点とも言える「今、すでに幸せ」という思考に基づいて、いつも「幸せです」という言語習慣が身についているのです。

福岡県八女市に、八女茶の製造、卸、販売を行なっている、株式会社大石茶園の大石剛司社長、そして同じく、健康茶等の販売を通じて健康生活支援事業を営んでおられる、株式会社お茶村の大石尚子社長がいらっしゃいます。

このお二人は、仲睦まじいご夫婦ですが、言語習慣がすばらしいのです。どんなときでも、必ず笑顔でこうおっしゃいます。

「幸せです。ありがとうございます」

私も最初は、少し驚きました。

この方たちは、どれだけ本当にそう思っているのだろうか、と疑問にも感じました。

愚問になると思いながらも、奥様でもあり、販社の代表でもある尚子さんに質問をしてみたことがあります。

「あのー、本当に心からそう思っているのですか?」

「いつごろから、そう言い続けているのですか?」

尚子さんは、とても素敵な笑顔で、そして目をキラッと輝かせながら、

「生かされていること、家族がいること、八女の地で商売をさせていただけること、従業員さんがいてくれること、みんなが毎日笑顔で働いてくださること、お客様がいてくださること、すべてがとっても幸せですよ」

「何より、健康で今日も働かせていただいています。ナニメンさんとも、今日もお話できました。幸せですよ」

「これは、母がそうだったのです。子どもの頃、どう見ても、お母さんは苦労ばかりして幸せではないと感じて、母に聞いてみたことがあるの」

「お母さんの人生、苦労ばかりでたいへんね。幸せじゃないね……」と。

「そのときに、母から返ってきた言葉は一生忘れません」

そのときお母様は、とても素敵な笑顔で、すぐさまこうお答えになったそうです。

「私は、一度も苦労だと思ったことはないわよ。不幸なんてとんでもないわ。毎日生かされて、健康で働くことができて、何よりあなたがいてくれる。幸せですよ」

「きっと、そのときからだと思うわ。今この瞬間を、幸せと感じられるようになったのは」

私自身はこれまで、まわりの環境や状況に不平不満ばかりを感じながら生きていたのかもしれません。

しかし、成幸社長はみなさん、どんなときでもいったんは現状を受け入れて、その状況の中にいる自分について、「幸せだ」「これでよし」「これから面白くなる」「ツイてる」という言葉を使われていることに気づいたのです。

**幸せとは「なる」ものではなく「感じる」もの。**

今この瞬間、私たちが置かれている現状は、将来さらに喜びを感じるためにあると考えてみてはいかがでしょうか。どう感じようが、今の目の前の現実自体は何も変わりません。何があっても、日々がんばって生きていくことに変わりはないのです。だとしたら、今の幸せを感じながら、そのがんばれる自分自身に感謝しながら、笑顔でチャレンジしていきたいものです。

**どうせがんばるなら、幸せを感じながら笑顔でがんばりたいものです。**

**！ 今、この瞬間の幸せを感じ取ることができるから、さらに世界が広がっていく**

## 成幸社長の「ありがとうございます」

成幸社長は、いくつになっても、いつもキラキラと輝いています。それは、今ではなく未来に対して、「もっと……」という肯定的感情の上に立って、ワクワク脳で生きているからです。

そして、みなさんはごぞんじなのです。

自分が成幸することができたのは、自分だけの力ではない、ということを。さらに、これからも成幸していくには、他者の助けが必要だということを。

成幸社長はみなさん、感謝することの大切さをごぞんじで、もし能力というものがあるとするなら、感謝する能力がきわめて高くなっているのです。

そのみなさんが、頻繁に使われている言語が**「ありがとうございます」**なのです。

人に何かをしてもらったから、何かを助けてもらったから、「ありがとう」とお礼を伝える感覚ではなく、何もなくても、とにかく「ありがとう」なのです。

常に「ありがとう」という言葉を使い続ける（最初はそう思えなくても）ことによって、脳の中に、「ありがとう」という言葉にひもづけされたイメージが蓄積されて、やがて本当にそう思えるようになっていくのです。

まわりへの感謝だけでなく、**自分自身に対して感謝する能力が高まってくると、成幸に向けて努力し続ける心も養われてくるようです。**

成幸社長はみなさん、がむしゃらに努力をされている方ばかりです。彼らの集中度合も真剣さも、半端なものではありません。しかし、どこかに精神的なゆとりを残しながら行動されています。

世間的な見栄などはなく、常に謙虚で素直な言動で、どんなに困難に思える状況においても、そのこと自体に「ありがとう」と感謝し、そこに立ち向かっている自分自身にも「ありがとう」と、感謝から物事を捉えていくため、辛いと感じるよりも、ありがたいと感じるようになるのです。

心が安定した状態でありながら、行動はがむしゃらに突き進んでいく……そのように、がんばり続けているのです。

謙虚な気持ちで感謝を忘れず、ひたすら努力をする人にはチャンスが訪れるのです。

そのような思考や行動を創っていくうえで大切な言葉が、「ありがとう」なのです。

行動していると、失敗することもうまくいかないこともあります。そのようなとき、見栄や突っ張りが必要でしょうか。

自分自身に起こることは、環境や他人のせいではなく、すべて自分自身が原因なのです。

そう思いたくない気持ちもわかりますが、少し冷静になればわかることです。

もし、他の誰かが自分と同じチャレンジをしていたら、はたして同じ結果になっていたでしょうか。あるいは、状況や環境が同じであっても、自分とは違う言動で乗り切っていたのではないだろうか、と考えてみればわかります。

今まで自分は、他者のアドバイスをどれだけいい加減な気持ちで聞いていたのか、また何の感謝もせずに聞き流していたのか、ということが理解できます。

もちろん、そんな簡単に諦めるわけにはいかないので、またそこからチャレンジがはじまるのです、だからこそ、「ありがとうございます」の意味がより腑に落ち、感謝する能力が磨かれていくのでしょう。

私は29歳の頃から、経営者として会社経営をさせていただいていますが、そこそこ儲かっていた当時、ある人生の先輩から聞かされた言葉があります。

「倒産・投獄・闘病の三トウすれば、吉井もわかるときがくる」と。

きっと私は、生意気で強情で、「金がすべて」という人間だったのでしょう。思い出しただけで、顔から火が出る思いです。

ちなみに、そのすぐ後、人生のお仕置きとして、投獄・倒産というどん底を味わうこととなりました。まさしく、自分自身の「心質」が自分の人生を決めていったわけです。

今現在は、みなさんに支えられて仕事をさせていただいています。

すべては、「ありがとうございます」の言葉とともに、今日まで歩んできたような気がしています。

これからも、「人を認め」「人を褒め」「謙虚になり」「お役に立ち」「人に喜んでいただく」ことを目標にして、「ありがとうございます」の言葉とともに生きていきたいと思います。


**いかなる環境や状況においても、前向きに生きるために欠かせない言語習慣が「ありがとうございます」**

# 成幸社長の「無理」

「成幸社長の無理」という言葉を聞いて、驚かれる方も多いと思います。

成幸社長は、みなさんプラス思考で、いつも前向きに物事を捉える人ばかりというイメージがあることから、なかなかイメージとして結びつかないのかもしれません。

しかし、ここでお伝えしたいことは「無理」という言葉の真の意味です。

成幸社長はみなさん、「無理」という言葉の本当の意味をごぞんじです。

『大辞泉』によると、

・物事の筋道が立たず道理に合わないこと

・実現するのが難しいこと

・しいて行なうこと。押しきってすること

とあります。

「無理」という言葉には、どうしても否定的なイメージがつきものです。そこで、「無理」と判断して、そう言ってしまう前に、それは本当に「物理的に無理」なのかどうかを考える習慣をつけたいものです。

よく、「現実的に無理」という言葉を使われる方がいますが、それはどういう意味なのでしょうか、すべての条件を考えたうえでの判断なのか、たいへん、困難、ハードルが高そう、という感情が先に働いた結果としての「現実的に無理」なのでしょうか。

つまり、「現実的に無理」とは「物理的に無理」ということだけです。

たとえば、私は雲の上の景色が大好きです。下界が悪天候でも、雲を突き抜けると、はてしない大空の景色に触れる壮快感はたまりません。だから、出張の際のフライトは、私の楽しみのひとつになっています。

しかし、空を飛ぶのが好きだ、自分で空を飛んでみたいと思っても、私が高層ビルの上から生身の体ひとつで飛ぶことはできません。

私は人間なので、空を飛べる身体構造になっていないからです。

また私は、子どもが大好きです、子どもたちが夢を持って、ワクワクしながらその夢に挑戦する、また親がその子どもたちの見本となって応援し続ける社会の実現を目指し、親子で夢を叶えるための「習慣術セミナー」も全国で展開させていただいています。

これも同様で、いくら私が「子どもが大好き」と言ってみても、私は子どもを産むことはできません。

これが、「物理的に無理」だから「現実的には無理」ということですしかし、たとえば「60歳で、セスナ機を自分で操縦して大空を飛んでみたい」という夢を描いたとしたら――航空機操縦免許を取得してセスナ機を購入し、プライベート空港から大空に向けて飛び立つという目標を60歳に設定したとしたらどうでしょうか。

予想される困難や障害はいろいろありますが、現実的には無理ではありません。これは、物理的に可能だからです。

ただし、「来月、大空へ飛び立とう」という夢は、免許の取得をはじめとする、物理的な困難が明確なため、「無理」ということになるかもしれません。

成幸社長のみなさんも「無理」という言葉を使われるし、そのように判断もされることもあります。

しかし、「無理」という言葉を軽々しく使われることはありません。物理的に無理なことについては「無理」とお答えになりますが、「どうやったらそれが可能か」も同時に考えています。その条件なら無理だけど、こうなればできる可能性はある、ということなのです。

実は、これが経営における、すべての発想の原点と言えるものです。つまり経営資源です。「人」「モノ」「金」「情報」「時間」――今あるものと足りないもの。そして、将来に向けて必要なものをいつも考えているから、「できる」という言葉には当然、迫力が備わることになるし、「無理」という言葉にも、そうでなくなっていきます。

あなたは「無理」という言葉を使っているとき、その根拠までしっかりと考えているでしょうか。

## 「無理」は、「物理的に無理」なときにだけ使う言葉

# 4章

# 成幸社長の思考習慣

# 成幸社長の喜感思考

成幸社長のみなさんは、さすがによく勉強されています。

みなさん、自分自身をよりよく進化させていくためには何が必要か、をよく理解されています。

成幸者になるためには、自分自身の魅力を向上させ、人を育てる名人になることが必要なのです。自分自身も喜びに溢れ、感動の時間をより多く得ることが重要なのです。

成幸社長のみなさんは、充実感いっぱいの毎日を過ごされています。

たとえば……、

・何のために、朝目が覚めたのか
・出社するとはどういうことか
・真の豊かさとは何か
・本物の楽しみとは何か

みなさん、個々にその答えをお持ちで、それを徹底的に深く掘り下げています。

私は、大勢の成幸社長から、これまで多くのことを学ばせていただいてきました。その結果、「学ぶとは知ること」という観念から抜け切ることができず、「感じる」「感じ取る」という、非常に大切なことがまったく腑に落ちていない自分自身に気づかされました。

1日24時間、ついつい目の前の現象だけに捉われて、

惰性の中で生きてしまっている

前向きに取り組む姿勢が不足している

楽しく生きる工夫が欠けている

……このような毎日でした。

みなさんの中にも、冷静に1日を振り返ったとき、同様に感じる方がいらっしゃるのではないでしょうか。

「あっという間に、1日が過ぎていきます」とおっしゃる方のほとんどは、多用で忙しくしているようですが、冷静に見てみると、成果は何だったのか……ということも少なくありません。

私は、長い間こうしたネガティブな姿勢で大切な時間を浪費していた自分自身に気づいて、愕然としたことがあります。

・毎日が惰性に流されている

・毎晩遅くまで働いているが、たいした成果は上がっていない。そのくせ、いつも時間が足

りないと嘆いてばかりいる
そこで、成幸社長をMMして、「喜ぶ」「感動する」という感性を磨く訓練をはじめました。ただし、どこかに出かけて行くとか、時間を作って何かを観賞するというのではなく、今、目の前にあるものから、小さな喜びや感動を、毎日感じることができるようになろうと決めたのです。

成幸社長はみなさん、感受性が豊かな方ばかりです、だからこそ、ビジネスに対しても広い範囲へアンテナを立てて、ほとんどの方が何も感じない些細な点すらも見逃さず、しかも、まわりの方への気遣いもできるのです。

このような感性を磨くトレーニング方法は、弊社が開催している「喜働力塾」のカリュキラムに取り入れているし、また企業研修の中にも盛り込んでいます。

感性を磨くことは、人生の経営をより豊かにしていくための不可欠な要素です。

このトレーニングがきっかけで、ますます経営が進化していった成幸社長も大勢いらっしゃいます。

では、そのトレーニング方法をご紹介していきますので、みなさんもすぐに実践してみてください。

この目的は、目の前にある小さな感動を、毎日見つけ出して感じ取れるようにし、さまざまな気づきを、人生経営の実践に落とし込むための目を養う、ということです。

トレーニングのルールは、**毎日、通勤途中でひとつ、職場でひとつ、家庭でひとつ、感動や感謝や喜びを発見してメモに書き留める、**というものです。

たとえば、通勤時の街の様子や木々の色づき方も、季節による風景の違いもあるでしょう。

職場では、環境整備をしてくださっている方もいれば、あなたにお茶を出してくださる方もいます。何より、職場があること自体が感謝すべきことなのです。

また家庭では、そのすべてに感動、感謝です。

このトレーニングを通じて、私自身も自分自身の変化に気づくことができるようになりました。これを実践していただくとわかるのですが、多くの方が、

・小さなことに目が行くようになった
・素直な心でものが見られるようになった
・精神的にイライラしなくなった
・ものの考え方がプラス思考になってきた
・家庭で夫婦喧嘩をしなくなった

あなたも、通勤途中を楽しみ、職場で喜んで仕事をし、家庭での幸せを今以上に感じてみてください。

今この瞬間の、自分自身の精神的満足なくして、感謝も感動も感じることはできないからです。

成幸社長はみなさん、**「喜びを感じ取る思考」**をお持ちです。あなたも、ほんの少しのチャレンジで、このような思考が習慣化されていくことになるでしょう。

## ！ 小さな感動の積み重ねが人生の経営を豊かにする

# 成幸社長の与える思考

「成幸社長」と聞くと、儲かっているとか儲け上手といったイメージを持たれるかもしれません。たしかに、結果的には物心両面の幸せを手にされていますが、最初からそううまくいっていたわけではありません。

みなさんの共通点は、**「どうやって儲けるか」という視点をいったん手放している**、ということです。「どうやって儲けるか」という視点を変えて、「どうやって与えるか」という発想に転換されてから、成幸社長への道を歩みはじめるようになっているのです。

最初はみなさん、「どうやって儲けるか」からスタートしています。

独立開業したばかりの方、起業したばかりの方、起業を考えている方は、どうしても赤字は嫌だし、たとえ志高くスタートしたとしても、銀行の通帳と日々睨めっことなるのは当然です。

しかし、そこが勝負の分かれ目なのです。

そのためには、まずは自分自身への問いかけが大切なのです。「どうやったら儲かるか？」ではなく、**「どうやったら、他者への貢献ができるか？」**という質問を、自分自身に対して投げかけるのです。

しかし、こんなかっこいいことを書かせていただいている私自身も、2005年に起業した当時は、「いったい、どうしたら儲かるか」ということしか頭にありませんでした。「儲けたい」「黒字にしたい」ということばかりを考えていたのです。そしてその結果は、赤字経営が3年間も続きました。

**儲からないのは、自社がお客様に喜んでいただいていないからです。**ただそれだけの、いたってシンプルなことなのです。

商売とは、「価値と価値の交換」です。自分がお客様にお渡ししている価値が、自分が受け取らせていただく価値なのです。こんな当たり前のことに気づくのに、3年もかかっていたのです。

そして、起業2年目くらいから、積極的に多くの人に会いに行ってお話をうかがい、本を読んだりセミナーにも参加するようになりました。

そこから、ビジネスにおける定石や定跡をおぼろげながら見つけたのです。

それが、「どうやったら儲かるか?」ではなく、「どうやったら、他者への貢献ができるか?」ということでした。

そして、それ以後出逢った成幸社長全員が、この「どうしたら、他者への貢献ができるか?」

という思考を共通してお持ちだったのです。

私自身もまた、当時、いったいどのような方に貢献できるか、またその可能性があるかを踏まえてセミナー内容をすべて見直し、また価格設定も変え、再度世に送り出していました。

他人に「喜んでいただこう」「成果を上げていただこう」「もっと、元気になっていただこう」という一心で、今日まで歩んできたのです。

故・松下幸之助氏は、かってこうおっしゃっています。「あなたが、世の中に対して提供した価値の10分の1のものが自分に返ってくる」と。

ということは、他者や他社に貢献するものが大きいほど、結果として自社の利益も大きくなっていく、ということです。

ところが、多くの人は「どうしたら儲かるか?」という問いを自分自身に投げかけ、それに基づいた思考を形成してしまい、また同じ質問を自分に投げかけることになるのです。

こうなってくると、どんな名案を見つけたとしても、他者には間違いなく見抜かれてしまいます。いや、他者からはこう映るはずです。

「他者から、できるだけ取ってやろうと思っているな」と。だから警戒されるのです。そして結局、上辺だけの付き合いとなっていくのです。これでは、利益が上がらないのは当然です。

ここで間違えないでいただきたいことは、「私にはそんなつもりはない」「儲けて何が悪い」という話ではありません。あなたに悪気はなくても、そう感じとられても仕方がないということなのです。

**成幸社長は、「儲けている」のではなく「儲かっている」のです。**

現在お勤めの方で、「自社の給料が安い」と感じている方は、「現在の社内での貢献度があなたの給料」という考え方で、「どうやって、もっと会社やチームに貢献できるか？」を、まず考えて実践してみてください。

いったん、自分の利益のことは頭から外して、まずは「どうしたら、相手に与えることができるのか？」という問いに対する答えを真剣に考えてみてください。

プロの棋士は数々の定石、定跡を学びます。ビジネスにおいても同じです。そしてこのことこそが、ビジネスにおける基本の一手なのです。

## どうしたら貢献できるのだろう？　と常に考える

## 成幸社長の**スピード思考**

成幸社長のみなさんの決断の速さには、いつも驚かされます。決断だけでなく、決めたことをすぐに行動に移す習慣もお持ちのようです。

これは「成幸社長の与える思考」のところで書かせていただいた、貢献の姿勢にも大いに関係のある部分です。

・より多くの人に貢献するためには、何をすればいいのだろうか?

・よりよいモノを、より多くの人に提供するにはどうすればいいのだろうか?

・より効果的に提供するには、どんな手法があるのだろうか?

と、考えて突き詰めていったとしても、決断も行動もしないのでは何も変わることはありません。

つまり、自分自身で決めない限り、何も進まないのです。商売とは、価値と価値の交換で成立すると書かせていただきました。

価値に対する発想を、「お客様から、いくらいただけるか」ではなく、**「自分が、いくら分の価値が提供できるのか」**という発想に切り換えるのです。

そして、お客様から「お金」をいただくためではなく、「時間」を割いていただくためにはどう行動するか、ということなのです。

ではここで、お客様の1日を考えてみてください。

たとえば、1日のうち、会社にいる時間を10時間とします。さらに通勤に往復で2時間、食事に1時間、睡眠に6時間、身のまわりのことをするのに2時間使っているとすると、1日24時間のうち、必要時間は21時間で、残りが3時間という計算になります。

この、お客様の時間の使い方を、もっと幸せ度がアップするような使い方をしていただいたり、その時間の中でより楽しくなっていただくためにあるのが、みなさんの商品や商材なのです。

ビジネスにおいては、まずお金をいただくことよりも、お客様から時間をいただくことを中心に考えるべきなのです。

そのために、「お客様の時間をいただく代わりに、どんな情報や人脈、ノウハウが提供できるのか」、そして「そのお客様に、どんな気分、感情になっていただきたいのか」を考えていくことが大切なのです。

きっと、あなたのまわりにいらっしゃるトップセールスと呼ばれる方は、みなさんこのことを実行しているはずです。

そして、そのことを十分に理解し、それによって方針を決定している方が、成幸社長には多いのです。

お客様の時間をいただいて、それに見合った価値を提供しようと考えているのです。決断とすぐに行動することがすべてなのはご理解いただけたでしょう。

ある成幸社長の言葉で、印象に残っているものがあります。

「私は、お客様に時間を割いていただくために、今の自分に、今のわが社に、何ができるのかを考え続けています」

**「商談も、店に足を運んでいただくのも、まずお試ししていただくのも、お客様の時間を割いていただいているのです」**

**「『そのうち』『いずれ』という基準はありません」**

また、多くの成幸社長はこうもおっしゃっています。

「たとえ、間違った選択をして損失を被ったとしても、優柔不断でいることによる損失のほうがはるかに大きい」

自社だけのことではなく、すべての判断基準が、お客様へのよりよい価値の提供で、その価値の根本的な思考の中に、「お客様に時間を割いていただいている」という考え方がある以上、決断は素早くすることが、お客様のためになるということなのです。

そして、みなさんがおっしゃいます。

「優柔不断は、誤った決断より悪い」

私も、経営者の端くれとして、まさにそうだと思います。

決めるとは、勇気の要ることです。しかし、何も決めないより、結果はどうなるかわからなくても、自ら意思決定を行なって決断するほうがはるかにいいのです。

みなさんも今日から、どんな仕事上の問題も3分以内に決断し、すぐに行動に移す習慣を身につけましょう。

## 決断はスピード重視

# 成幸社長の前のめり思考

人生、前のめりで生きようではありませんか。

入念な準備より、スピード重視です。意味のない完璧追及症候群を手放してください。

なかには、完璧主義者のほうが、失敗は少なく成幸に近づくという印象をお持ちの方もいらっしゃいますが、実際は逆のようです。

成幸社長のみなさんは、リスクを徹底的に軽減してから事に臨まれているわけではなく、下手くそでも不器用でもいいから、最初の一歩を踏み出した方なのです。

いきなり、すべてにおいて完璧を目指す人は、恐れが先に立ってしまい、いつまでたっても第一歩を踏み出すことができません。

しかし、それでは何もしていないのと同じです。

また、たとえどんなに準備をしたと思っていても、いざ実際にやってみると、次から次に足りないものが出てくるものです。

実は、その足りないものが、成幸に真に必要なことでもあるのです。

この第一歩を踏み出すことができなければ、目標達成のために真に必要なものが、いつまでたってもわからないのです。

完璧にこだわっている人は、目標達成に向けた土俵にも上がることができません。だからといって、ろくに準備もせず、ただやみくもに物事に挑戦していきましょうと言っているわけではありません。よほどの幸運なことが起こらない限り、失敗するに決まっているからです。

また、失敗したとしても、そのときに自分に足りないものが何かがよくわからないため、次へのチャレンジの糧にもなりません。

ここで言いたいことは、成幸社長はとにかく前傾姿勢だということです。

「前のめりのまま、今できる限りの準備をすませ、後は走りながら考えてきた」――これは、みなさんが口を揃えておっしゃっていることです。

ぜひ、この「前のめり思考」を習慣化していってください。きっと、完璧主義から脱して前傾姿勢で走れる人になれるはずです。

## ！満足な準備ができなくとも、とにかく第一歩を踏み出してみる

# 成幸社長の捨てる思考

成幸社長は、捨て方がお上手です。

みなさんも、どこかで「断捨離」という言葉を聞いたことがあると思います。

断捨離とは、過去に溜めこんだ、家の中や身の回りにある不要なモノを捨てて、身も心もすっきりさせましょう、という意味です。まさに、断捨離思考習慣のお話です。

私は、全国を廻らせていただいているため、5泊して事務所に戻り、また次は7泊の出張に出かけるという生活をさせていただいています。そのため、いつも大きなスーツケースの中は荷物でいっぱいです。

成幸社長のみなさんも、出張は多いようです。しかし、みなさんのスーツケースは小さなサイズのものばかりです。

ある日旅先で、成幸社長に聞いてみました。

私の思考では考えられないほどの小さなスーツケースをお持ちだったからです。

「社長はたしか、5泊でしたよねえ。それで、荷物はこれだけですか？」と。

すると、「はい、これだけです。今回は5泊だけですから。すべては思考の問題ですよ」

からはじまって、延々と持ち物談議をさせていただきました。

その結果わかったことは、「物」を捨てるには、物にまつわる考え方、先入観を捨てる、ということでした。

持ち物を最低限にするという考え方よりも、今、自分には何が必要なのかを判断し続ける能力を磨くためには、出張の荷物まとめはうってつけということなのです。

私のスーツケースには、着替えや必要なモノだけではなく、出張中に一度も見ない本や資料も入っていたというわけです。

現在の会社という枠をすべて取り払ったとき、自分の地位や社内だけで通用するやり方やスキルをのぞいて、自分にどれだけのスキルがあると思われるでしょうか。

ここで、どこにいっても、どんな職業についたとしても通用するスキルをご紹介します。

それは、**問題解決能力**です。

これは、まず何が問題なのかを発見し、最も正しい解決手法を見つけ出し、それを実行できる能力のことです。長年、同じ仕事を続けていると、私たち人間は、どこに問題の本質があるのかを見極める能力が低下していきます。また、ひとつの経験が深くなっていくと、新しいことを学ぼうという意欲も低下していきます。

成幸社長は、「問題解決能力を磨くためには、積極的に過去を捨てなさい。過去を捨て新しいことにチャレンジすることが、一番の方法だよ」とおっしゃっています。

過去の人脈や経験にとらわれないことによって人間の思考力は磨かれるということです。

ここでみなさんに、「会社を辞めましょう」と言っているわけではありません。今いる会社の中でも、新しいことにはチャレンジできるからです。たとえば、

・転勤願いを出してみる
・赤字部門に配置転換願いを出してみる
・社外のコミュニティに参加してみる

など、いろいろあります。

新しい能力をつけていこうと思ったら、過去の経験を捨てて、過去の経験が通用しない世界に飛び込んでみるのです。そして、「私は、この世界でこういう能力を身につけたい」と強く思い描いてチャレンジしてみることです。


**「常に意識して捨てていかないといけないものは、20代は先入観、40代は私欲だよ」**

と、成幸社長から学ばせていただきました。

## ! 新しい能力を身につけるために「捨てる」

# 成幸社長の人脈思考

人脈とは、知り合った人の数のことではなく、強い信頼関係に基づいた人との関係のことです。そして、その相手の頭の中に入っている情報に、自分自身がいかにアクセスすることができるか、が重要なのです。

数多くの成幸社長から、実学、活学として学んだことの中で、人脈への思考は、私の人生を大きく変化させ、また好ましく加速させていく要因となりました。

以前から私は、「人脈とは数だ」と考えていました。正確に言うと、数としか思えなかったのです。

現に、成幸社長とお会いすると、その人脈の数は、ものすごい数という表現方法しか見つからないほど「顔が広い」方々ばかりでした。

しかし、それは違ったのです。

わかりやすく表現すると、知人→友人→仲間→同志と関係が発展していくとするなら、私は、知人が多いことが人脈だと思っていました。

成幸社長には、同志がたくさんいらっしゃいます。業種業態は違っていても、同じ目的や志を持ち、仕事とは無関係のところでも深くつながっています。

そのみなさんが、口を揃えてこう言います「人生は、誰と出会って、一緒に何をするかで決まる」と。

そして、かれらの共通点のひとつとして、師と仰ぐ方が必ずいます。また、その師が共通の方だったとするなら、一気に、知人から同志となります。

「人生は、誰と出会って、一緒に何をするかで決まる」の**「何をするか」**ですが、みなさんを見ていて学んだことは、

**・誰と一緒に、何を学ぶか、誰から学ぶか**
**・誰と一緒に、何を目指すか**
**・誰と一緒に、何をどう行動するか**

ということでした。あなたには、師と仰ぐ方がいますか？

師匠と呼ばせていただく方がいらっしゃらないとしても、少し冷静になって、今の自分自身のあり方を考えてみてください。

**▼人生の先輩から学んでいますか？**

**▼成幸者と触れていますか？**

年齢的な先輩、仕事上の先輩はもちろん、両親や恩師も人生の先輩です

あなたは、たくさんの成幸者と時間を共有しているでしょうか。これは、学びの場、仕事の場、遊びの場のすべてにおいてです。

ですからもちろん、年齢などはまったく関係がありません。むしろ、年下の方からの学びは、自分自身の本気度を試すチャンスにもなります。

仕事上の成幸社長なら、まさしく真のプロフェッショナルに触れるということです。

## ▼指針となる経営者や先輩から学んでいますか？

私がもうひと言付け加えるなら、「誰の生きざまに痺れたか」ということです。

あなたが指針とする成幸社長は、経営者としても一流のはずです。つまり、成幸社長になるための人間力が備わっているのです。その人間磨きを学ぶのです。

## ▼その方たちと一緒に、何かを目指していますか？

いつからでも、どの位置からでも、人は「高み」を目指すことができます。

「俺には、仕事以外のことを言われても困る」「私には、そこまでの余裕がない」と、自分自身を低く見積もる必要はありません。

「高み」を目指して、ゆっくりとでも進むことによって、結果として「高み」に到達することができるのです。

自分だけの基準で、低い目標をクリアし続けても、たいして高い山には登ることはできません。
成幸社長たちが目指している、他人のため、地域のため、同業者のため、日本のための活動に、積極的に参加しましょう。人は、自分のためよりも誰かのためのほうが、思いがけない力を発揮することができます。そして、その思いがけない力が、あなた自身の「力」となるのです。
誰かのために行なうことは、まわりまわって自分のためになることがあるのです。

**!**

**出逢って痺れた相手を徹底的にMMし、自分自身の質を強化する。ただし、すべての出会いに感謝を忘れずに**

# 成幸社長の他者置換え思考

これは、私が長年数々の成幸社長とお会いして、驚いたことのひとつです。

私は最初、成幸社長とは明確な目標設定があり、そこに向かって自分自身の力を信じて、ただひたすら努力を続けてきた方ばかりだと思っていました。

たしかにみなさん、努力の積み重ねがあることは間違いないのですが、深くお話をうかがっていくと、みなさん「他者置換え思考」をお持ちなのです。

「他者置換え思考」とは、自分と誰かを置き換えて考えてみるということです。

とくに、自分自身の選択に迷いが生じたとき、また営業成績がなかなか向上しないとき、そしてスタッフへの指導に不安を感じたときなど、ともするとマイナス思考に陥りがちなときに、自分と誰かを置き換えて考えてみるということです。

置き換える相手は、誰でもいいのです。

現在活躍中の仲間の社長でも、あなたが考える成幸社長でも、歴史上の人物でも、また劇画のヒーローでもかまいません。

「このようなとき、○○さんだったらどう考え、どう行動するだろう」といった具合です。

自分自身の立場に、○○さんがやって来たらどうするだろうか、ということを、考え方、言葉、行動までをイメージの世界でＭＭしてみるのです。

もし、○○さんだったら、

「これぐらい平気だ。それより未来を考えよう」

「今がチャンスだ。私についてこい」

「心配するな。私が責任を持つ」

と、自ら笑顔で行動を起こし、スタッフをやる気にさせて引っ張っていくというイメージです。自分自身が相手になりきればいいのです。

そして、その方が実在の社長であれば、その会社へベンチマーキングのために出かけてみればいいのです。

ベンチマーキングとは業界を超えて、優れた手法やプロセスを実行している組織から、その最も効果的、効率的な実践方法や事例を学び、自社に適した形で導入して改善に結びつけるための活動です。

成幸社長は、事例や手法はもちろんですが、そのベンチマーク先の経営者の、モノの見方や考え方、言語習慣、思考習慣、行動習慣をＭＭしているようです。

しかし、優秀な成果を収めている経営者から学び、同じように自社で実践しても、なかなか思うように成果が上がらないと嘆く方がいます。

残念ながら、目に見える形ばかりをＭＭしても何も変わりません。

重要なことは、その経営者が何を考え、何を発信しているか、ということです。そして、それは何のためかを考えなければなりません。そのうえで、自分自身の立場と置き換えて考えてみるということです。

「〇〇社長だったら、ここで何を考え、どう発信するだろう」

これは、歴史上の人物でもかまいません。

「もし、坂本龍馬だったら……」「もし、豊臣秀吉だったら……」「もし、徳川家康だったら……」「もし、吉田松陰だったら……」

あなたがＭＭしたい人物が、現在のあなたと同じ環境に置かれたとしたら、どう考え、どう行動するか、ということを考えてみるのです。

最後に、ある2代目経営者のお話をご紹介しておきます。

彼が小学生だった頃、誰に言われたわけでもなく、ふと漠然と頭をよぎったことがあるそうです。

「自分は長男だから、将来経営者になるんじゃないか」と。

そして、現在はそのとおりに、2代目経営者としてドンドンと業績を上げています。

その成幸社長曰く、

「漠然と、将来は社長と思った日から、同じゲームをしていても、漫画を読んでいても、自分が経営者になったら、この場面はこうだなと想像しながら吸収していました」

「それが、今の自分の、経営者としてどうするか？　という哲学につながっています」とのことでした。

## ○○さんだったらどう考え、どう行動するだろう

## 成幸社長の見られる思考

成幸社長は、みなさんお洒落です。これは、決して高級ブランドに身を包んでいるということではありません。

成幸社長はみなさん、ファションにはこだわっていらっしゃいます。

それには理由があります。しかも、その理由を意識していくことで、さまざまなものが見えてくるようになります。

その理由とは、自分のイメージを形づくるもののひとつがファションだからです。

自分のイメージとは、5年後10年後に、自分自身がどうなっていたいか、ということです。

たとえばそれは、自分がどんな想いを持ち、どんな商いによって、どれだけのお客様に対して、どれだけの価値を提供し、どれくらい喜んでいただくことができるか、そして年商はどれくらいで、自分自身の年収はいくらで、交友関係は……など、多岐にわたるものです。

そのすべてを、一瞬にして表現できるのがファッションなのです。ただし、ここでいうファッションとは、自分が身にまとっているものはもちろん、表情や姿勢まで含まれています。

成幸社長はみなさん、同じことをおっしゃいます。

それはひと言、「ダサイのダメ」ということです。

「どうでもいい服を着ると、どうでもいい心ができ、どうでもいい心ができると、どうでもいい行動をとってしまう」からです。

**つまり、自分自身をどう見せたいかということ**です。

第一印象は大切とわかっていながら、服装も姿勢も表情も、意識が行き届いていない方が多いように思われます。

成幸社長はみなさん、この服を着るとどう映るか、どんな人と感じてもらえるか、ということをイメージしています。常によい心の状態で過ごしていくためにも、ファッションには気を配りたいものです。

誰かとアポイントの場面でも、今日は、どのネクタイがかっこいいだろう？　どうすれば、もっと自分に興味を持ってもらうことができるだろう？　どのようにふるまえば、自分の話を真剣に聞いてもらうことができるだろう？　と、成幸社長は常に考えています。

もちろん、清潔感や身だしなみは最低条件ですが、そのうえでどう見られるか、ということが大切なのです。

そして、もうひとつの特徴は、成幸社長はよく鏡をごらんになっているということです。

机にも小さな鏡を置いてチェックし、毎回のトイレでは手洗い後にチェック、手帳に名刺大の薄い鏡を入れておいてチェックしています。
何をチェックしているのかというと、それは**自分自身の心の状態**です。
心の状態は、すぐに表情に出ます。その表情や姿勢ひとつで他者にさまざまな影響を与えるため、みなさん自分自身の状態を常にチェックしています。
そして、自分自身の調子が悪そうだと判断したら、笑顔をつくる訓練をされています。
成幸社長になるためには、服装、姿勢、表情、動きを、
いつも「どう見せる」か、を意識する
いつも「見られている」か、を意識する
いつも「どう見せられる」か、を意識する
そして、いつも「どう魅せる」かを意識する
これは、成幸社長になるための習慣としても大切ですが、本書をお読みの接客業のみなさんには、とくに大切なことです。ぜひ、これらを意識するようにしてください。

## 見られているのだから、魅せる

# 成幸社長の未来反省思考

「反省」と聞いて、あなたはどんなことを想像されるでしょうか。

成幸社長の反省は、「結果的に反省をされている」という印象を私は持っています。

これはどういうことでしょうか。うまくいかなかったことや失敗してしまったこと、さらにできなかったことに対して、「すみません」「申し訳ない」「次からはがんばります」と、いくら言ってみたところで、やる気の出る案が浮かんでくることはありません。

どんな結果になったとしても、まず考えるべきこと、想い描くべきことは、自身のゴールイメージです。

「何のために」「何を目指し」「いつまでに、どうなりたいのか」ということです。

再度、自分自身のゴールイメージを明確にするからこそ、現在の結果に対して、過去の取り組みや行動、そして言語や思考を冷静に分析し、今後の対策を立て、未来に対して新たに決意を固めることができるのです。

**反省とは、未来に向かってするもので、過去に向かってするものではありません。**

過去に向かって、いくら謝ってみたところで、後悔ばかりが先に立って自己嫌悪に陥り、思考もマイナススパイラルに陥ってしまうことになります。

営業会議でも同じです。先月の未達に対して、「何でできなかったんだ」「どうして、こうしなかったんだ」「やる気はあったのか」と、散々問い詰めた後で「じゃあ、今月はどうするんだ」と言ってみたところで、スタッフの思考は【できる】【やってやるぞ】というイメージにはならないのです。

言葉で、いくら「今月はがんばります」と言ってみたところで、本人の思考は「また、難しいな」「どうせ、無理なんだろうな」ということになってしまいます。

ぜひ、未来に向けて会議をしましょう。

成幸社長の第一声は、「われわれが目指しているものは何だ」「どうなることが、われわれのビジョンなんだ」と問いかけてから、数字を見ていきます。

昨日にこだわる反省から、未来にこだわる反省に変えていきましょう。

できない理由やできなかった事実は、いくらでも言うことができます。できないことを、できるようにするために必要なのが、未来反省思考なのです。

## ゴールイメージに向かって反省する

# 成幸社長のほめる思考

他者をほめるということに関しては、友人でもある、有限会社シーズの「ほめる達人」こと西村貴好社長が第一人者です。著書の『繁盛店の「ほめる」仕組み』（同文舘出版）は、現在11刷というロングセラーになっています。

しかしここで言いたいのは、他者をほめるという話ではありません。自分で、自分自身をほめるという話です。

あなたは、ご自分の成長をほめているでしょうか？

「いやあ、まだまだです」「自分でほめるなんて、気恥ずかしい」という意見もあるようですが、自分自身の能力をさらに伸ばしていくためには、「私は、昨日よりも進歩している」「今日一日で、また成長することができた」という意識を持っておくことが大切なのです。

成幸社長は、常に自分自身の成長を確認して、さらに自分自身をほめて仕事に取り組んでいます。彼らがよく使う言葉に、「能力が向上している」「ますます、自分自身が成長している」というものがあります。成幸社長は、そういった言葉から、脳内に自分自身が成長しているイメージを創り出しています。

その結果、ますます意欲が湧いてきて、新しいアイデアも浮かび、決断力も早くなるのです。ただ、ほめましょうということではなく、日々の自分自身の成長をチェックするのに大切なのが、「ほめる思考」なのです。

私たちは、「成長をチェックする」としても、ついついできていないことやマイナス探しをしてしまいがちです。だからこそ、ほめる点探しが必要なのです。

ほめる点探しを習慣にすると、自己肯定感も上昇し、「自分はますます成長している」という思いが、より強い想いへと変化していくことになるのです。

もちろん、いつまでたっても未熟者だ、さらなる高みを目指すためには、日夜努力を積み重ねなくてはならない……といった思考も大切です。

それと同時に、日々の自分自身の成長をほめ続けることも大切なのです。そして、そのほめる内容に相応しい自分になっていけばいいのです。

成幸社長はみなさん、ご自身をほめることがお上手です。だからこそ、スタッフやまわりの方への気遣いができ、他人に対してもほめ上手でいられるのです。

## 自分自身の成長をほめて、自分自身に語りかける

# 成幸社長のゆずる思考

「人生は綱引きだ」とおっしゃる成幸社長が、福岡市中央区天神でコンサルティングをベースにした通信業を営み、各社の大幅なコスト削減に貢献されている、株式会社エクサイトの山口貴史社長です。

学生時代の23歳で起業し、現在43歳。起業当時は、とにかく勝つことだけを考えていたそうです。元々、負けず嫌いの性格で、学生時代に起業したのも、他人に使われるのが嫌だったからです。ただし、一時的な成功を収めても、当時は何も楽しくなかったと言います。

他人に勝って、お金があってモノもある。しかし、仲間が誰一人としていない、また飲みに行きたくても相手がいない。ということで、心はまったく豊かではなかったとのことです。

事業も、当時つまずきを経験し、経営が危機的状況になったとたん、従業員はさっさと辞めていってしまい、孤独感もずいぶん味わったということです。そこから立ち直る過程の中で、負けて勝つという考えや、一歩引いて相手に勝ちをゆずるというように、目先の勝ち負けよりも、まずは目の前の人に喜んでもらおうと、考え方を変えていったそうです。「人生は綱引き」というのは、そうして生まれた発想なのです。

たしかに成幸社長は、それぞれ言葉の表現は違っていても、みなさんこのような発想をお持ちです。最初は、金持ちになりたいとか、自由に仕事がしたい、といった自己の欲求から起業した方や、家業を継ぐ形で、仕方なく社長になった方もいますが、成幸社長はみなさん、このような思考になったときから、成幸への道を歩み出されているようです。

「損して得とれ」とは、少し違うニュアンスですが、シンプルに目の前の人に喜んでいただこう、ということです。だから、少しでも「ゆずる」ということなのです。

たとえば、自分ばかり綱を引いてどんどん相手を引っ張ってきても、誰も喜びません。完全に引いてしまえるだけの力があったとしても、相手に少しは引いて楽しんでいただこうという心の余裕が、また次のステージにおいて、よりよい形で自分に返ってくるのです。

その相手というのが、あるときはお客様であり、あるときは従業員、そしてあるときは同業者、またあるときは子どもや奥様、ご主人となるわけです。

私たち日本人には、ゆずり合うという文化があったはずです。

人生の経営そのものを、今一度その原点に立ち返って考え直してみましょう。

## ゆずる気持ちが次へとつながっていく

# 成幸社長の金銭思考

成幸社長は、みなさん同じことをおっしゃいます。

それは、**お金は、儲け方より使い方**ということです。

もちろん、みなさん経営者なので、業績を先行管理し、ビジョンに基づいて計画的に資金を運用しています。

ここでは、社長個人のサラリーマン時代からの金銭思考について、共通点が多くあるのでご紹介します。

「お金は、儲け方より使い方が大事」とは、多くの経営者の方々から教えていただいたことです。そして、いろいろと質問をさせていただくうちにわかってきたことは、みなさんが共通して、お金を遣うことに対して意味づけしているということです。

### ▼お金の使い方五つの意味づけ

**【消費】** 三食の食費や住居費をはじめとする、最低限必要な費用

**【浪費】** まさしく無駄遣い。無意識に遣っているお金。不必要な支出

**【投資】** 未来の自身への活力となる費用。本を買う、セミナーに行く、身体を鍛えるため

にジムに行く等

**【目的貯金】** 何かをターゲットにした計画的な貯蓄。開業資金、自宅購入、旅行費用等

**【一時的貯金】** その月に余ったお金。取り急ぎ不必要なお金の保管

これら五つを、常に意識されているようです。成幸社長は、最初はうまくいかないときもあったようですが、人生どこかのタイミングで、未来に向けての企業経営者としての成幸をイメージし、まず自分自身の人生経営での金銭思考を身につけたのです。そして、この五つはお互いに思考習慣が影響し合う関係なのです。

少しわかりやすく解説すると、【消費】と【浪費】の関係は、夕食時に、今日も一日よくがんばったと、ビールの1本も飲むとします。晩酌のビールも楽しみのひとつだし、その一瞬で疲れも吹っ飛び、明日への活力になるという方も多いようです。これは、自分自身へのご褒美ですから消費です。

しかし、もう1本、もう1本と飲んでいくと浪費になってしまいます。

細かい話ではなく、あらかじめ決めているものを、そのときの勝手な気分で変更しているからです。

【投資】と【浪費】の関係は、セミナーに行く、いい話をたくさん聞いてくる。本を買って、自分に活かそうとする。これらは投資です。

しかし一部の方は、セミナーで感動しても、それだけでとくに何もせず、本を買って読んでも何も変えることなくそのままです。

また、購入したことに満足して、読まずにそのまま本棚に並べるという人もいます。これは、間違いなく浪費になります。

【目的貯金】と【消費】と【浪費】の関係はこうです。目的貯金とは本来、何かの目的のための貯蓄であるにもかかわらず、その額を決めず、「月々、余ったらそこに入れよう」とか、「まず、消費が重要だから」と、マイナス思考を正当化する方がいらっしゃいますが、要注意です。

たしかに、消費とは最低限生活に必要なものなので、一概に削ればいいというわけではありません。

しかし、独立開業資金とか資格取得費用などの明確な使用目的があるなら、一度はその目的貯金を優先して、その金額を確保するための消費行動を考えてみるのもいいでしょう。

そう考えて、もし削減できる消費行動があったなら、それはまさしく浪費なのです。

よく、いろいろな成功法則の中に、明確な目標設定というものがあります。

明確に設定することで覚悟が決まれば、目的貯金が最優先されるというわけです。

ここで、ひとつ注意が必要ですが、「お金の使い方五つの意味づけ」の中で、一時的貯金に関しては個々に所得が違うために難しい部分はありますが、できる限り意識して、微量の積み重ねが将来大きな差になる、と認識してください。

しかし、投資に関してはこうお考えください。

ともすると、真っ先に削減できるように感じられますが、実は、これが最も重要なのです。

誰もが、今の自分自身の状態を振り返って、「もう、今の自分で十分だ」と感じているならそれでいいでしょう。

しかし、いや「まだまだ成長したい」「もっとよくなりたい」と思っているなら、自己投資は必要です。

自分株式会社の代表者として、「今」からでも遅くはありません、一度自分自身のお金の使い方を検証してみてください。

あなたは、すでに自分株式会社の社長なのです。

ぜひ、お金に対するマネジメント能力や金銭思考を身につけるようにしてください。

## お金の使い方には意味づけがある

# 成幸社長のピン！　レッツゴー思考

成幸者の共通点は、みなさん「ピン！　レッツゴー」の法則で考え、動いているということです。これは、ピンときたら、すぐに思考回路をレッツゴーと作動させて考える、ということです。

つまり、ピンときたことを簡単にジャッジしない、ということです。せっかく、ピンとひらめいたのですから、それを深く広く考えてみようということです。できる・できないという基準で、すぐに判断しないということです。

10年ほど前、まだまだ駆け出しだった私に、ある成幸社長から教えていただいた話が、その後の私の生き方に大きく影響しています。その言葉とは、

「ナニメンさん、直感で『ピン』と感じたことは、脳にやってきた『ひらめき』です。脳は受信機ですから、即レッツゴーで考えて行動すると、いい結果が生まれますよ。ピンと来たのにもたもたしてると、あなたをよい方向へと導こうとする宇宙の大きな流れに乗り遅れることになるよ」

というものでした。

それ以後私自身も、「ピン！　レッツゴー」を目指すようにしていますが、まわりの成幸社長のみなさんも、まさしくこの法則どおりの方が多いように思います。

好ましい成果を出されている方の多くは、「ピン」ときたら、すぐに考えを組み立てて、まずはやってみるということをされています。

好ましい成果が出ていない方、あるいはいつも不平不満が先にくる方の多くは、「ピン」ときても、すぐに忘れてしまう方が多いようです。

世の中、結果を出し、成果をつかんでいる方とそうでない人の違いは、このあたりにあるのかもしれません。

今日から、「ピン」と来たら、「レッツゴー」と考えて動いてみましょう。

たとえば、「こんなものがあると、大勢の人が喜ぶだろうな」とピンときたら、すぐに必要な情報を調べて、企画を立案して仲間に話してみるのです。

そして、「あの人に電話したらどうかな」とピンときたら、即電話をかけてみるのです。

これを習慣化していくと、あなたの未来は加速度を増して、上昇気流に乗ることでしょう。

さて、この、「ピン！　レッツゴーの法則」をお読みになって、何をお感じになったでしょうか。

「わかっている」「そんなのは当たり前のこと」「知っています」「わかっているけど、なかなかできないのです」でしょうか?

ほとんどの方は、この種類のメッセージは一度や二度は聞かれたことがあると思います。

ぜひ、この法則をとことん意識してみてください。あなたのひらめきを大切にしていきましょう。

「ピン! レッツゴー思考習慣」は、あなた人生を大きく左右するはずです。

## 「ピン!」は宇宙からのメッセージ

## 成幸社長の時間操り思考

時間管理に関しては、「もっと効率よくできないか」「さらに短時間で、この仕事を終わらせることはできないか」と工夫はするものの、これといった答えが見つからず、「忙しくて、立てた計画通りに進まない」と感じている方が多いのではないでしょうか。

私自身もずっと、この時間管理に関しては、大勢の成幸社長と時間を共有させていただきましたが、なかなかこれといった答えを見つけることができませんでした。

24時間という、誰もが平等に与えられた条件の中で、「成幸社長のみなさんは短い睡眠でがんばっている」とか「時間の使い方が、一般人とは違う」と捉えて、本質を理解することができずにいました。

私も、多くの先生方から学ばせていただいていますが、その中の一人に、佐藤等公認会計士事務所所長でドラッカー学会理事でもあり、またナレッジプラザという経営者向けの勉強会を10年間も続け、ご自身もドラッカーについての本を多数出しておられる、佐藤等先生がいらっしゃいます。

私は、この勉強会に参加させていただいたことで、長年、「成幸社長の一番の謎」と感じていた部分が一気に明らかになり、今までの「時間」に対する観念までが変わってしまいました。

長年、成幸社長を観察させていただいて、「何で、あんなに忙しい人が、本を書く時間があるのか」「いつも忙しいのに、余暇にも時間をたっぷり使っているのは不思議だ」という、それまでの謎が晴れたのです。

実は、私が出逢ってきた成幸社長はみなさん、24時間「何をするか」という内容や、「どう動くか」という計画からではなく、「どう、時間を空けるか」を、先に考えていたのです。

ドラッカーの言葉を引用させていただくと。

**時短とは、せかせか動き回ることではない。メリハリをきかせて、本当にしたいことに、たっぷりと時間をかけるのが最終目的。時間の無駄を退治し、自分を高める時間を「最大化」しよう。**

**成果をあげる者は、仕事からスタートしない。時間からスタートする。計画からもスタートしない。**「『実践するドラッカー【行動編】』（佐藤等 著／上田惇生監修・ダイヤモンド社）」

これを佐藤等先生は、こう意訳されています。

「成果を上げる者は、スケジュール管理からスタートしない。時間の創造からスタートする」と。

私はここから、「計画がうまくいかない原因は、自由に使える『自分時間』の絶対量が少ない、どのみち時間は足りなくなるのだから、時間を作るところからはじめよう」ということを学ばせていただきました。ドラッカーは、「手帳を予定で埋める」ことより、「予定のない白紙の時間を増やす」スキルのほうが重要だと説いているのです。

成幸社長のみなさんも、まさしくそうなのです。それぞれの方が忙しくされているように見えますが、個々に自分自身の時間を確保し、次の展開をイメージすることに費やしたり、今後の優先順位を再確認したり、戦略や戦術を練るための時間に費やしているのです。だからこそみなさん、自分経営においても会社経営においても、重要なことに集中することができたのです。

「何に集中するか」という意思決定。そして、「どれだけ集中できるか」という資源の最大化なのです。そう考えると、成幸社長の日常がよく理解することができます。そして、この資源こそが「時間」なのです。

ですから、ぜひ時間の調達能力を身につけましょう。みなさんも一度、自分の1日24時間を、30分刻みで1コマとして、何に何コマ使っているか、1週間記録してみてはいかがでしょうか。「捨てるコト＝非生産的活動」をやめて、「他者に任せるコト＝他者の能力向上になる」、「原因の排除＝時間のムダへの対策」を、してみましょう。

私も、これを2週間やってみました。すると、忙しく動き回っていると思っていたのは大きな勘違いで、たしかに動いているようには見えますが、非生産的活動が多く、他のスタッフに十分任せることができることまで、自分自身で抱え込んで忙しがっていたのです。これでは、思うような成果が出ないのも当たり前です。時間管理とは、時間を操る力を身につけることです。

実は、本書の執筆にあたり、担当の編集者からは、何度も執筆のスピードアップを促されながらも、「忙しい」「時間がない」という思考で、執筆が延び延びになっていました。

佐藤等先生が勉強会の中で、「私は、本を1冊書くのに約250時間必要です。来年2冊書こうとしたら、500時間を創り出さなければなりません」というお話をされていました。

そして、2週間の中で、いったい何に時間を使ったかを記録することによって、排除するもの、捨てるもの、そして空白の自分時間を少しずつ創り出すことができるようになり、その結果、なかなか進まなかった執筆活動が、その後一気に進むようになったのです。


**！ 時間を記録して整理し、捨てたり排除することで、自分の時間をつくり、時間を操ろう**

## 成幸社長の 自己評価思考

この自己評価思考という部分は、とくに誰がということではありません。みなさん共通と言っていいでしょう。

みなさん、人生で自分に起こる出来事に対して、「できごとのよし悪しを考える生き方」をしていません。

では、どのように考えているかというと、**「すべては自分に必要なものと考え、まずは、よしとする生き方」**を選ばれています。

このような考え方は、さまざまな自己啓発書にもよく出てくるものなので、みなさんもごぞんじかと思います。成幸社長はみなさん、「そう考えて生きる」と決めているのです。

世の中に起きる出来事は、「自分の心の成長のために必要だから起こっている」「必要なことしか起こらない」と捉えるようにしているのです。これが、みなさんの共通点なのです。

そして、そう決めているからこそ、「人生には、乗り越えられない出来事は起こらない」という信念につながっているのです。

何も、みなさんが自分自身を過大評価されているわけではありません。きちんと自分自身に対して等身大の評価をする習慣をお持ちです。

人間は、自己評価のバランスをついつい間違えてしまう場合があります。自己を過大に評価したり、逆に過少に評価するなどです。

あなたにも、こんな経験はないでしょうか？

たとえば、社内での人事異動時、自分の社内での価値が高いと思っていて、きっと昇格・昇給だと思っていたのに駄目だった、あるいは営業活動で、自信満々のクロージングだったのに契約が取れなかった、ということが。

人間は、何の根拠がなくても、自分自身の実績を過大評価してしまうことがあるのです。

たとえば、事実を検証することなく、「自分は、もっといい会社に行けるはずだ」「もっといい上司が、私のよさを引き出してくれるはずだ」「環境さえ変われば、もっと認められて活躍の場が与えられる」などです
あなたも、「自分が努力をしよう」と考える前に、「会社が、もっといい条件を出してくれたら」「私の能力をわかってくれない相手が悪い」と思ったことはないでしょうか。

自信をもって臨むということと、自己を過大評価するということはまったく違います。

また逆に、過小評価も成長の足を引っ張る習慣となります。

これもまた、事実や結果を検証することなく、「私には無理ですから……」「自信がありま

せんから……」といった気持ちになった経験があると思います。謙虚でいることはよいことですが、もし本当にそう思っているなら、自己評価が低すぎるのではないでしょうか。

何かにチャレンジして、乗り越えていけないと感じたときや、どうしてもマイナス思考になっているときはそう感じるかもしれないし、「また失敗したら」と思って、怖くて立ち止まってしまうこともあるでしょう。

しかし、できるところまでやってみて、「やりきる習慣」を身につけ、自分の価値を上げていかないと、未来はどんどんと見えなくなってしまいます。

本書を読んでくださっているみなさんには無限の可能性があり、その能力を未来に向かって発揮していくことができるはずです。未来は、あなたの想いの通りに展開していくのです。

そのためには、自分自身の現実を正確に受け止め、将来自分がなりたいイメージを明確に描き、理想の自分をいつも意識しながら行動していくことが大切なのです。

このことは、私が長年の間に大勢の成幸社長に出会った結果、みなさんから学ばせていただいたポイントです。

そのうえで、未来の自分を信じるのです。

自分を信じるとは、現在の自分を信じるということではなく、未来の自分を信じて今日も努力を続けるということなのです。

だから成幸社長は、「これで、もう十分」とも、「私が、これだけのことをやってきたのです」とも言いません。

常に、他者に感謝し、また環境や状況にも感謝して、それを一生継続する覚悟で、「まだまだです。もっと、お客様や従業員、そしてそのご家族や地域のみなさんに喜んでいただける会社にしたい」とおっしゃるのです。

## ！今は、事実に基づいた評価と未来の自分の評価を上げよう

# 5章

# 成幸社長の発信（行動）習慣

# 成幸社長の三日坊主

本書のタイトルには、「習慣」という文字が入っています。しかし、この「習慣」という文字に抵抗のある方もいることでしょう。

「習慣」と聞くと、毎日もしくは一定のリズムで行なわないと、「習慣」とは言いにくいと思いがちです。

しかし、成幸社長はみなさん〝三日坊主〟です。

成幸社長は、たとえ三日坊主になったとしても、そこで落胆もしないし、そのことについて、いちいち悔やんだりしません。

では、どう受け止めるかというと、**また、やり直す**のです。

みなさんの共通点は、決めたことを行なうのが途切れた日に、途切れたことに着目するよりも、自分がはじめようとした事実を重視しています。したがって、またはじめるのです。

できるまでやるということで、その途中経過はすべてが経験ということでしょうか。

この考え方と次への再チャレンジが、私たちが生きていくことの原点だと思います。

私たちは、昔からこう教えられています。

## 初心に返る。

初心とは、もちろんはじめに思い立った気持ちのことです。

私は、こうも解釈しています。

何かをやろうとしたとき、私たちはその行動に出ます。

ということは、最初に「できる」「私はやれる」とイメージしたはずです。だからこそ、行動に移したのです。

大切なことは、常に初心を思い出すことです。

「初心」――なぜ、そう思ったのか、そのとき一緒にいた人は誰だったか、その場所はどこで、時間はいつだったか、またそこはどんな環境で、どんな匂いがしていて、まわりはどんな情景だったか、を思い出してみるのです。そうです。そのとき、あなたは決意をしたのです。

やってみよう、と。

独立のための退職もそう。

自営業の開始もそう。

初心とは、それを決めた瞬間のあなたを取り巻いていた、すべてのモノやコトです。

成幸社長は、自分の未来を信じています。

ワクワクしながら、あたかも成幸を手にしたかのように、楽しくイメージしています。

途切れたって、またはじめればいい。「なりたい」から「なる」に、そして「なった」と変化していきます。

## 三日坊主になることを怖がらない

# 成幸社長の自訓

「自訓」とは聞きなれない言葉でしょうか。

私はこれまで、大勢の方とお会いさせていただきましたが、「経営者である前に、一人の人間なんだから……」というお話をされる方が少なくありませんでした。

私も駆け出しの頃は、この言葉の意味がなかなか理解できなかったし、逆に「それより、経営者としてどうされるのか」という、今思うとまったく恥ずかしい質問を投げかけていたこともありました。

社訓とは、その会社で、社員が守るべき基本的な指針として定めてあること。

また家訓とは、その家に伝わる戒めや、守るべき教えのことです。

ここまでは、ご理解いただけることと思います。

では、自訓とは何でしょうカ。

私は、自訓とは、自分が生きていくうえで、自分自身が守るべき指針と定義しています。

これから起業される方は、ぜひ自訓から創ってみてください。また現在、会社を経営されている方は、家訓と自訓を今一度考えてみてください。

成幸社長は、みなさん自訓をお持ちです。

全員が、「自訓」という言葉を意識して使われているわけではありませんが、みなさん「自分が生きていくうえで、守るべき指針」はしっかりとお持ちで、それを意識して実践しています。

偉大な先人の「金言」を自身の守るべき指針としている社長もいらっしゃいます。とにかく、何かひとつ自分との約束を徹底的に守る、ということです。

発信（行動）習慣のはじめに、この自訓を書かせていただいたのは、成幸社長はみなさん、社訓・家訓・自訓が、一貫した思想に基づいて形成されていて、社長が自訓どおりに生きているから、会社も繁栄しているということなのです。

ここで、想像してみてください。

社訓では、「社は我なり」「思想を堅実に礼節を重んずべし」「世のため人のため」というように作っていたとして、その会社の社長が、家庭では家族を犠牲にして、社外で礼節などおかまいなしという状態では、言行不一致ということになります。

お客様の前だけの社訓では通用しません。

社長自身が、自訓どおりに生きているから、自分自身の人間力磨きができているのです。

その社長が、家訓どおりに生活しているから、夫婦仲もよくて子どもたちも真っ直ぐに育つのです。そして、それが会社の繁栄に結びつくのです。

理念型経営が重要ということで、みなさんがそのように切り替えている中で、好業績を上げている会社と、なかなかうまくいかない会社の違いがここにあります。

私が、1000人の経営者から学ばせていただいた、発信（行動）習慣の中でのポイントはここです。

・社訓のモデルになっている人が社長
・自らの言動が社訓どおりかどうか
・理念に対して、社長が一番の崇拝者になっているか

そしてもうひとつ。

中小企業の多くは、オーナー企業である場合が多いものです。そして、おそらくこれから起業を考えている方も、オーナー企業への道を歩まれることと思います。

しかし、これだけは忘れないでください。

オーナー企業は、夫婦仲を映し出す鏡なのです。

## 自訓どおりに生きると決める

## 成幸社長の 気づき

成幸社長の行動習慣は、「すごい！」のひと言です。みなさん、とても精力的に動いています。

デジタル化が進み、インターネット上での問い合わせが容易になり、さらに商談ができて、モノの売り買いもできる時代です。ともすると、相手の顔を見ることもなく、さまざまなことが決まっていく時代です。

それはそれで、販売のシステムという点ではよいことも多々あるのですが、自分磨き、自己成長のための学びという観点から見ると、ネット上だけの独学ではなかなか難しいものがあります。

成幸社長は、本を読んだりＤＶＤを見たり、ネット上での情報を収集するなど、日夜学びの意識を強く持っています。

ここまでだと、本書を読んでいただいている方も、「私ももちろん、そうしています」とおっしゃる方も多いでしょう。しかし、この先に違いがあるのです。

成幸社長は、本を読んでピンときたら、すぐにその著者に会いに行きます。ネットで、講演会情報を調べて参加したり、著者が経営者であれば、その方が入っているコミュニティへ自分も入会したり、直接会社に面会に行ったりします。

繁盛店のＤＶＤを見て、少しでもよいところがあると感じたら、すぐにその店に直行します。自分が知ったことで、少しでも感じるものがあれば、すぐに動いてたしかめるのです。

**あなたは、足を運んでいますか？**

自ら動くからこそ、出逢いがあり、出逢いがあるからこそ、自分自身に気づくことができ、自身を変えることができるのです。

まずは、「量」を意識してみてください。少しくらい無理をしてでもです。

その「量」が、いつしか「質」に変わり、あなたに〝自己革新〟というアンテナが立つことになります。アンテナが立てば、一気に成幸社長への階段を上りはじめます。

その次からは、あなたは「今の自分」に必要な方と必ず会いに行くようになります。

そして、その出逢いを通じて、成幸への階段が、成幸への昇りのエスカレーターへと変わっていくのです。

## 成幸社長は、自分に気づくために足を運ぶ

# 成幸社長の自主性

成幸社長はみなさん、自主性をバリバリ発揮されています。これは、社長なのだから当たり前ということでもないようです。

私はこれまで、数多くの社長とお会いしていますが、ご自分では自主性があるように思われていても、実はそうでもない社長が多いということです。

何年も、その会社とお付き合いをさせていただくと、現社長が、常務や部長という役職の頃から存じ上げているわけです。そして、さまざまな理由で社長就任となるわけですが、別に社長になったからといって、自主性が発揮されるようになるわけではありません。

成幸社長は、社長に就任する前から、行動派で自主性を発揮し、人生を思う存分楽しんでいます。仕事もプライベートも、人生そのものを楽しんでいます。

ちなみに自主性とは、自分自身のために考えて行動に移すパワーのことだと私は考えています。しかしこれは、決して自分自身のことだけを考えている、という意味ではありません。

福島県喜多方市に本社があり、盛岡、山形、仙台、埼玉、大阪に営業所がある、運送業の会津通商株式会社の今井司常務は、まさしく自主性の塊のような方です。

もっともっと、と常に上を目指される中、社内のさまざまなシステムの導入や改革を企画、提案し、その先陣をきって行動し続けています。

ご自身も、数多くの学びの中からコーピングのスキルをとくに深く学ばれ、フロー理論を取り入れて、社内の意識改革を実施しています。その結果、ドライバーの事故が激減しています。

また今井司常務は、自社の繁栄だけでなく、同業他社に対しても、惜しげもなくその事故トラブルの軽減、無事故に向かっての取り組みを公開されています。

まさしく、自主性をおおいに発揮して、自社だけでなく、業界のことも考えて行動されています。

客観的に見て、その行動がすべてに受け入れられるものではないとしても、高潔な目標を掲げ、「意志のパワーを通して、やりたいことを恐れずにやる」という自己暗示によって、ますますやる気になって全国を駆け回っています。

本書を通して、MMを推奨していますが、自主性に欠ける方は形だけのMMに終わってしまうかもしれません。

まずは、真似してモデリングして、とお願いしていますが、真似することを習慣にしないでください。習慣にするのは、真似をした内容のほうです。

ご自分では、自主性があるように思われていても、実はそうでもない社長が多いと書かせていただきましたが、その方たちの特徴は、ただ真似をする習慣だけがついているのです。そのような方に対するまわりからの評判は、「頭が切れる社長だが、自主性に欠ける」というものが多いように感じます。

一度しかない人生です。自主的に行動を起こしてください。

## あなたの意志のパワーを通して、やりたいことを恐れずにやる

# 成幸社長の無駄

これは、無駄な時間を意識して取り除くというシンプルな習慣です。

TODOリストとか、やることを書き出すなどはチャレンジされている方も多いと思いますが、結局は、自身が作り出す「無駄な時間」によって、「なかなかできない」と、好ましくない習慣がついてしまっている方も多いようです。

しかし、これは簡単に克服することができます。

これはつまり、平素から「無駄な時間」と「有効な時間」の意識を持って、「無駄な時間」をどんどんと切り捨てていくということです。

ある成幸社長は、毎晩寝る前に今日の無駄探しを行ない、明日はその無駄をどうなくすかを考えてから就寝されるそうです。ご自宅のベッドの枕元には、「無駄リスト」というメモ帳があるそうです。

たとえば、

・何気なく点けたテレビをそのまま見てしまった

・パソコンを立ち上げてメールチェックをするつもりだったが、他の告知メールからネット

サーフィンをしてしまった
・断っても支障のない誘いに乗ってしまった
……などです。

改めて確認しておきますが、これまでの無駄を思い出して書くというところまでで、ＭＭは終わらないでください。その後が大切だからです。

その後に、赤色のペンで対策を書くのです。
・何気なく点けたテレビをそのまま見てしまった――明日帰宅してもテレビは点けない
・パソコン立ち上げてメールチェックするつもりだったが、他の告知メールからネットサーフィンをしてしまった――メール返信後、必ずメーラーをいったん閉じる
・断っても支障のない誘いに乗ってしまった――未来に対して、今日のタスクの優先順位を、出社してすぐにつけるようにする
このような対策を書いて、顕在意識がＯＦＦになる前の情報として脳に入れておくのです。

## 明日への無駄防止対策を寝る前にやる

# 成幸社長の没頭力

物事に、いかに集中して取り組むかが大切、ということはみなさんご承知のとおりです。

ここでお話しするのは、それをはるかに超えたものを習慣化できるかどうかで、成幸へのスピードが変わるということです。

北海道は、札幌の中央卸市場で仲卸業をされている、丸ト青果株式会社の辻恭行社長は、中学校卒業後、家業である仲卸業に入るものの、朝が早く重労働だったため、さぼりの毎日でした。

お父上からは、示しがつかない、とくびを言い渡されて、仕方なく近所の喫茶店でアルバイトをはじめたそうです。それが16歳のときのことです。

その喫茶店のアルバイトが、彼の人生を変えるきっかけになったのです。

最初は1日5時間程度のバイトだったのが、スタッフがどんどん辞めていくため、オーナーから「時間、もう少し長くてもいい？」と言われて「はい」と返事。

その結果、朝7時から夜の10時まで、15時間も働くことになったそうです。

ここで何と思ったかが、さすが成幸社長の素質十分だった少年の思考です。

「俺ってシゴトできるんだなぁ」と思ったそうです。

どうですか……普通なら「そんな長い時間、嫌だ」という方向にいくのでしょうが、恭行少年は、この当時のことから、ご自身で成幸法則を創られたのです。

それは……。

「やらなきゃならない」→「まあ、やってみようか」→「できちゃった」→「俺って、できる男だ」という思考の流れでした。

これは、実にシンプルな発想であり、理にも適っています。そして、自分で自分を承認しています。

そしてご本人は、「今でも、このパターンです」と笑顔で話しています。

これは「没頭心」です。決めてやりきる、ということです。

成幸社長の多くは、表面的な現象は違っていても、やると決めて、ただひたすらやり続けるということはみなさん同じです。そのポイントは、〝ただひたすら〟ということです。

その日その一日に、目の前に与えられた課題だけに没頭する。

没頭しすぎて、まわりが見えなくなるという方もいますが、没頭せずに成果が上がるわけがないと、成幸社長のみなさんは信じています。

ここで、辻社長のこの後を少しご紹介しておきます。

喫茶店の従業員数が落ち着いて勤務時間も短くなってきた頃、恭行少年はまだまだ働けると、工事現場のバイトもはじめます。しかしこのとき、ショッキングな出来事に遭遇するのです。

それは、若い頃にやんちゃをしていたときの友人との再会です。

そこで見た光景が、辻社長の没頭心に火をつけることになります。

それは、中学時代には強権をふるって権力で命令していた後輩たちに、今では顎で使われていて、陰で涙を流しているという友人の姿だったのです。

「これが現実か！」「何とかなる、何てことはない」「何とかはするもんだ」と、強く感じたとおっしゃっています。

その後、本気で一から修行させてもらうために、再度家業の仲卸業に戻りますが、まわりの「馬鹿息子が、また……」という声を逆に励みにして、もっと仕事がしたい、俺はやればできる男だから、という一心で働き続けて、20代での営業担当時代は、「家に帰るのは、飯と寝るだけ、もっと時間がほしくて仕方がなかった」とのことです。

こういった気持ちは、もちろん徐々に芽生えてくるわけです。お客様のため、農家のため、仲間のため、家族のためと、そのつど、没頭力を発揮し続けることでまわりからの評価も高くなり、信用を積み上げていき、平成22年、辻恭行さん40歳、会社は30周年という節目の年に事業を承継し、みんなが、より幸せになれる流通の仕組みづくりを確立し、日本の農業の仕組みまでも変えていこうとご活躍中です。

私たちは、何かに没頭したことがあるでしょうか？

没頭する前に、つい不平や不満を漏らしてしまうのはなぜでしょうか？

本書をお読みいただいている、将来起業を考えている方はとくに、今あなたは何に没頭しているかを思い出してみてください。

今できないことが、起業してからできるのか？　と。

今あなたの仕事を、やらされ感からやるのではなく、〝志事〟としてやってみましょう。

たとえ嫌な仕事でも、ただひたすらにやりきってみるのです。

嫌なことという ピンチに見えることは、あなたにとって没頭力をつけるチャンスなのです。

やりきることで、その嫌いなことは、きっと大好きなことに変わってくことでしょう。

## ！ 目の前のコトを「ただひたすらにやる」という経験をしてみよう

# 成幸社長のおしゃべり

自分自身のイメージやアイデアを他人に話して、共感を得て協力者になっていただくことが、あなたが成幸者となるためにはとても重要なことです。

成幸社長の多くは、自分自身の頭の中での情報を、言葉として出力することがお上手です。

さらにもうひとつ付け加えると、他者と会話したことを再度自分自身に入力して、その情報を精査しています。

難しく解釈しないでください。実は簡単なことなのです。

あなたには、夢があるでしょうか?

あなたには、なりたい自分のイメージがありますか?

また、なし遂げたい目標がありますか?

日々の仕事や生活の中で、ぜひ多くの人に、あなたの夢や思いをお話しください。

「誰かに話しているうちに、自分が言いたいことが整理されてきた」

「自分で夢をしゃべっているうちに、本当にやりたいことが見えてきた」

「自分が創りたい会社の魅力を人に伝えているうちに、自分に足りないものがわかった」

「自分の理想の会社を人に伝えているうちに、どういう伝え方をすれば、相手の心に響き、共感が得られるのかがわかってきた」

という経験ができます。

私たちは、頭の中の情報を「言葉」として出力をしながら、まずは、自分自身の耳で聞くことで、その意味を再認識します。そして、相手がどのような反応をするかを見ています。

誰もが、この二つの情報を比較しながら、「自分が真に伝えたいことは何か」「どう伝えたら伝わるのか」を分析しています。しかも、しゃべりながらです。

まあ、無意識に行なっていることなので、「ええ〜そうですか」という声も聞こえてきそうですが、間違いなく、あなたもそれをしているはずです。

そして、今度は他の人と同じ話をしたとき、話の要点を、よりスムーズに相手に伝えることができるようになっています。

成幸社長はみなさん、このことを無意識ではなく、意識されています。

ひとつの情報やアイデアを出力するとき、しゃべるという出力、同時に聞くという入力を繰り返しながら、自分が言いたいことを整理して、より相手にとってわかりやすい形で出力をしているのです。

そのため、成幸社長の会社のスタッフは、社長の意図をくみ取るのが早いのです。

まずは数です、意識して数をこなすようにするのです、あなたの夢や想い、理想の会社像などを、なるべくたくさんの方にお話しすることです。

これを意識することで、より早く「入出力によって、言いたいことや伝え方を整理していく」という感覚がわかっていただけるはずです。

セミナーに参加する、先輩からいい話を聞く――このようなとき、ぜひどんどん出力していってください。

誰かに話をしたり、文章を書くことを「運動出力」と言います。

脳からの、「運動出力信号」を強化するヒントが「おしゃべり」なのです。

ぜひ、あなたの脳に「入力」された感動した言葉や役立ちそうな情報を、友人や同僚、そして仲間に実際にお話ししてみてください。

その結果、その言葉や再入力された情報が、あなたの血や肉となって整理されていくことになります。

## 感動話、お役立ち情報はたくさんの人にしゃべってみる

# 成幸社長の昼食習慣

あなたは、毎日の昼食の時間を活用しているでしょうか。

成幸社長の昼食タイムは、いつも誰かと一緒に食事をしていらっしゃいます。

その相手とは、社内の方をはじめとして、取引先の方、関係業者の方はもちろんのこと、学び仲間の社長や友人知人など、とにかく自分のまわりの方すべてです。

北海道網走市に本社がある、株式会社クリーンスターの小島隆義社長も、毎日誰かと昼食をご一緒されています。

クリーニング業を中心に他業種への展開も視野に入れて、ミッションである「魅力回復業」としての役割をはたすべく、クリーニング業としては、網走、旭川、札幌地区に3工場、直営店舗31店を展開されています。

網走、札幌間もすべて自家用車での移動で、その素早い行動だけでも驚きなのに、多忙な毎日の中で、必ずと言っていいほど、どなたかと昼食を取られています。

当初は、主婦のパートの方も多い中、どのようにして従業員とコミュニケーションをとるか、というところからの発想のようですが、「昼休みという限られた時間の中だからこそ、会話のキャッチボールのスキルが磨ける」「ダラダラ感がないため、相手の言葉の裏側に隠された本音の部分を感じ取ることに集中できる」とおっしゃっています。

クリーンスターさんは、幹部の本部長、エリア統括、工場長という、幹部すべてが女性であり、しかもみなさん当初はパートスタッフとして採用され、月日がたつうちに会社の理念やビジョンに共感することで社員となり、幹部としてバリバリ活躍されています。

もちろん、みなさんが主婦で、家庭や子育ても両立されています。それも、小島社長いわく「すべては、昼食ミーティングのお陰」とのことです。

今では、社内だけでなく、社外の方とも積極的に昼食のアポイントを取って、さまざまな情報収集もされ、最近では業種業態を問わず、人脈が道内、道外にまで広がり、「北海道に仕事で来たから、小島社長と昼食を食べたい」という社長もいらっしゃいます。

という私自身も、月に1回は北海道のどこかで、小島社長と昼食を食べていろいろと学ばせていただいています。

昼食を一人で食べずに、毎日別の誰かと食べることは、誰もが今すぐ実践できることです。

たとえば、社内の誰かを誘ってみる。11：00の打ち合わせ訪問や来社は、そのまま昼食に行く。営業に出かけた先や、またその近くの会社の誰かと昼食を一緒にとるのです。

これだけでも行動習慣化を意識すると、あなたの未来は大きく変わっていくことでしょう。

まず、社内外の環境や状況の話を聞くことができます。また、いろいろな人が、「今」をどう感じているかを知ることができます。そして、それを自分自身に置き換えて感じてみることができます。

夜の宴席での会話も、それはそれで楽しいものですが、お互いの昼の限られた時間を、知る、感じるといった、自分自身の感度アップの場として活用してみてはいかがでしょうか。どんな方とご一緒されても、昼食という限られた時間の中での会話です。

人と向き合うときは、まだまだ自分は未熟者だと思って向き合ってみてください。そうすると、感じるものが、見えてくるものが違ってくるはずです。

## 限られた時間の中で相手を感じる訓練、それが昼食の場

## 成幸社長の夜の習慣

私の知る限り、社長のみなさんは夜に強い方ばかりです。

みなさん、毎日のようにさまざまな方とのコミュニケーションや情報交換の場として、食事や酒席を利用されているようです。

夜が強いということは、お酒が強いという意味ではありません。なかには、酒豪の方もいますがみなさん、夜の時間のマネジメントがお上手です。そういった意味で、「夜が強い」と表現させていただきました。

みなさん、何時に帰宅しようとも、たまには酔っていたとしても、自分で決めたルーティンワークをこなしてから眠りにつかれています。

1日が終わって帰宅すると、たくさんの誘惑があります。

たとえば、ビールをもう1本飲んでからとか、スポーツニュースを見てからなど、だらだらしようと思えばいくらでもできます。

私自身がそのようなこともあるため、成幸社長のみなさんに、夜の過ごし方を質問してみました。

私は、「明日の仕事の確認をして……」とか「今日の整理と明日のお客様との会話のイメージトレーニングを……」などといったお話が聞けると思っていましたが、そのようなお話はごく一部の方だけでした。

ほとんどの成幸社長は、「いい睡眠をとるために」というお話をしてくださいました。

もちろん、みなさんお付き合いもあるため、毎日同じ時間に帰宅できるとは限りません。私は、どうしても睡眠時間が気になっていたのですが、成幸社長は違いました。

「睡眠時間」ではなく「睡眠質」が大切、ということなのです。

「寝るまでの30分にこだわってきたから、毎日が最大限成果の上がるパフォーマンスができる」と、ある方がおっしゃっていました。

またある方は、「ベッドに入るまでの30分の過ごし方で明日が決まる」とおっしゃっています。

ここで、多くの方々がお話しになった、寝る前の時間の使い方として、私たちにもすぐにできることをご紹介しておきます。

・リラクセーション音楽を流す

・お香を焚く

・風呂に入るとき電気を消して、ロウソクの灯りで温めの湯にゆっくり浸かる。

・アロマオイルを首筋につける
・決まったサプリメントを食べる
すべて、同じ方がされているわけではありません。今日からでも、寝る前のわずかな時間に、自分らしいこだわりを作ってみてはいかがでしょうか。

「明日は大切なアポイントがある」「締めに向かって明日が勝負なので」という話はよく耳にしますが、平素から「よい睡眠」を取るための、自分自身のマネジメントを習慣にしていればいいのです。

睡眠は、平素からのリズムが大切です、大切な日の前になって、急に「よい睡眠をとって明日に備えよう」としてみてもうまくいきません。

寝るという行為は、意外と難しいときもあります、目をつむってみても、思いどおりに眠れないこともあります。だからこその、平素の習慣なのです。

これは、すぐにでもMMです。本書を読んでいただいているあなたにとって、毎日が未来の人生を成幸に導く本番なのです。

「良質の睡眠」を、意識して創り出すようにしてください。

良質の睡眠が、明日という日の、自分自身の活躍度合を決めます。たかが1日かもしれません。しかし、「1年の計は元旦にあり」という言葉もあります。いかがでしょうか。こう考えると、もっとイメージが湧くかもしれません。

それは、一生の計は今日にありです。

その明日のスタートを創り出すのが今日の睡眠だとしたら、あなたはどんな睡眠が得たいでしょうか。

## 成幸社長は良質睡眠を創り出す

# 成幸社長の 謝る習慣

これは、「謝る」ではなく、「謝ることができる」という意味です。

成幸社長のみなさんは、未来を熱く語り合い、ときには激論を交わすこともあります。スタッフに対しても、ついつい行き過ぎた表現を使ってしまうこともあります。仕事の途中で、自分の判断や行動の過ちに気づくこともあります。

そんなときは、自分自身の人間力が試されているときです。

成幸社長はみなさん、潔さが特徴のひとつです。

たとえ、相手が部下であっても仲間であっても、自身の言い過ぎた点を反省して、謝っていらっしゃいます。しかもすぐに、です。これは、簡単なことに思えるかもしれませんが、なかなかできることではありません。

とくに、不平不満社長にありがちなことですが、部下に対して、謝るというより、部下のできていない部分を、よりクローズアップしてお話しされる方もいます。

あなたが、もし人生の成幸社長になりたければ、「謝る人」を目指して習慣化してください。

まあ、そのような場面はないことが理想ですが、人生はいろいろとあります。自分がそんなつもりはなかったのに、相手を傷つけてしまうということもあります。

私は最近では、中学校に講演に呼んでいただくことが多くなりました。テーマは、「夢の叶え方」「大人になるってすばらしい」「働くとはどういうこと」などいろいろですが、必ずお話の中に入れさせていただくことがあります。それは、「人生には、いいことがたくさんあります、しかし、失敗をしたり迷惑をかけることもたくさんあります」「失敗はしていいのです。そこから、何かを学んで成長していけばいいのです」「失敗をしたり迷惑をかけたときは、すぐに丁寧に謝りましょう」「決して、ごまかしたり嘘をついてはいけません。ひとつ嘘をつくと、その次もごまかしたり嘘をつかなければならなくなります。だから、素直に謝るのです。そしてやり直すのです」「かっこいい大人になってください。かっこいい大人とは、きちんと素直に謝ることができる人のことです」

今、本書を読んでくださっているあなたは、かっこいい大人でしょうか？

**成幸社長は、かっこいい大人だ。みなさん「謝る習慣」がある**

# 成幸社長の泣き虫習慣

「泣き虫」と表現させていただきましたが、決して弱気になって泣いているわけではありません。

成幸社長はみなさん、よく感動の涙を流されるということです。

今、何かの出来事や誰かの生き方に対して、感動した心を表わす方が極端に少なくなっているような気がしてなりません。感動するものがないのでしょうか。

決してそのようなことはないと思います。きっと、感動する心が薄れてしまっているのでしょう。

冷静に物事を判断するということは大切なことです、しかし、その思考や行動を意識するあまり、「冷静さ」と「冷たい見方」を混同していないでしょうか？

スタッフの努力に対しても、その一つひとつの行動をとってみても、感動する心があるから、その行為や行動を評価することができ、また感謝へと変わっていくのです。

成幸社長は、他人の人生相談にも乗っています。また、他人の生き方にも、いろいろと関わっています、スタッフとも本音で、「どう生きて、親や社会に何を恩返しするか」をよくお話しされて、そのつど共感、共有し、一緒に涙されている光景を目にすることがあります。

私に、こうお話しになった社長がいらっしゃいます。

「スタッフから、過去の人生の話を聞かせてもらったとき、その苦労や挫折話に、いったんは同じ立場や目線で共感し、今に至るまでの努力を一緒に感じ取ってあげて、『よかったな。今からだぞ。一緒にがんばろう』と、声かけできれば最高だよ」と。

ともすると、「そんなことで、感動なんかしないよ」と他人が思うようなことでも、その目の前の相手のためになろう、お役に立とうと、常に思っているのでしょう。「感じる」というアンテナが立っているのです。

平素からのそうした習慣によって、また次なるチャンスをもしっかりと感じ取ることができるようです。

社会全体を通しても、立派なものやすばらしいものは、たくさん存在しています。

また、一所懸命に生きている方、まじめにコツコツと努力を積み重ねている方も数多くいらっしゃいます。

そのような、ものや人に出会ったときに感動する心が乏しければ、どんなにすばらしい出会いだったとしても、何も感じることができず、そのメッセージを受け取ることもできず、ただ通り過ぎていくだけとなります。

チャンスの神様には後ろ髪がないから、すぐにつかまなければならない——チャンスに気づきすぐに行動に移そうという意味ですが、ともするとチャンスに気づかないことも多々あるようで、本当にもったいないことです。

道端に咲いている花を見て、「きれいだね」と言えることが大切なのではなく、その花を見つけて「きれいだ」と感じられる、その人の感動心が素敵なのです。

「冷静な人」と「冷たい人」は違います。

どんな些細なことにも素直に感動できる心が、成幸社長にはあります。

## 感情を涙で表わすことは、かっこ悪いことではない

## 成幸社長のこだわり力

成幸社長はみなさん、何かにこだわっていらっしゃいます。

経営に関するこだわりの数々は、言うまでもありません。ポリシーも明確にお持ちです。

みなさんも、「人を元気にするために生きている」「思いやりの心を磨き、関わる人すべてに喜びと感動を与える」「困難な課題にも積極的に取り組み、最後までやり抜く」「一生涯を通じ、価値の創造を探求する」等、自分自身のミッションやポリシー、また自分の価値といったものをお持ちです。

その自分の軸を意識して貫いていく中で、しだいに本物へと近づいていくのです。

成幸社長の「こだわり力」と表現していますが、その想いが伝わってくる部分のこだわりに関しては、数多くのビジネス書や、成幸社長ご自身が執筆している著書を読んで感じてください。

ここでは、成幸社長の、ともすれば平凡と思えること、そんなことで何が変わるのかと思えるけれども、大切なことをいくつかご紹介します。

### ▼履物を揃える

ご自分の履物はもちろん、他人の履物まで、何気なく揃えています。

私が尊敬する経営者の一人である、清水克衛社長の著書『はきものをそろえる　世界一かんたんな成功法則』（総合法令出版）を、ぜひご一読ください。そして、実践してみてください。

### ●毎日決まった時間に起きる

私がお聞きした社長で、一番朝が早い方は毎朝3時30分までに身支度を終え、出社が5時ということです。この会社の始業時間は午前9時ですが、朝のご自身のゴールデンタイムを創り出して仕事をこなされています。

午前3時30分は極端にせよ、みなさん朝の時間は有効活用されているようです。

### ●トイレの便座の蓋は必ず閉める

このこだわりについては、実践されている方は少なくありません。

### ●財布は長財布を愛用し、決して雑には扱わない。また、ズボンのお尻のポケットに財布を入れない

財布に関しては、みなさんこだわりは強いようです。

たとえば、新財布の購入時に銀行からお金を下ろしてきて、財布いっぱいにお札を入れて3日間は寝かせるとか、中のお札の向きを揃えるなど、とにかく財布というものを、お金を

入れるものという捉え方ではなく、自分自身の心のあり方が映し出されるものという捉え方をされているようです。

また、財布に関する本もかなり出ています。ご一読をお勧めいたします。

**▼靴は常に磨いている**

お洒落は足元からということだけではなく、常に靴を綺麗な状態にしておくことは、仕事ができる人の基本です。

**▼毎朝、決まって「やること」がある**

自宅のトイレ掃除や玄関清掃、決まった時間の散歩、出社してからの前向きなルーティンワークなどです。

これらは、自分自身のコンディションを整えることにも活用されているし、朝から脳をフル回転させるためにも重要なポイントです。

**▼日記を書いている**

三行日記、今日の気づき、今の気持ちメモなど、自分の過去を振り返るとき、日記があると、腑に落ちることがあるものです。また、謙虚に生きるためにも重要な習慣と言っていいでしょう。

**▼人に会ったら、自分から大きな声で挨拶をする**

挨拶をすることで、気持ちのいい人になることができます。また、ちょっとした他人への配慮にもなります。

## ▼人の話を聞くときは、相手の目を見て聞く、うなずく、まずはすべてを聞く

自分がしてほしいことを、まず先に相手にしてあげましょう。

## ▼人に世話になったら、お礼状を書いたり、お礼のメールをする

成幸社長のみなさんは、感謝をすることではなく、感謝を形に表わすことを大切にしています。

## ▼メールの返信は、どんなに多忙でも24時間以内に出す

このこだわり力は、ビジネスに直結します。成幸社長の返信は驚くほど速いものです。

## ▼目の前のゴミを拾う

何気ない平素の行動に、まわりの人間は引きつけられます。何よりも、自分自身が気持ちいいものです。

## ▼10分前集合で計画を立てる

5分前集合は並、10分前集合を意識するからこそ、定刻から物事が進むのです。忙しい中で10分前集合は無理という人は、いつまでたってもギリギリか遅れぎみになります。

時間とは、追われるものではなくマネジメントするものです。そして、人生経営の経営資

源として、万人に平等に与えられているものでもあるのです。

## ●呼ばれたら、部下からであっても「ハイ」としっかり返事をする

人に呼ばれたら「ハイ」と返事することは、人として生きていくうえでの基本と言っていいでしょう。

これ以外にも、まだまだありますが、ここで言いたいことは、成幸社長は、誰にでもできることを、誰にでもできないくらいやり続けているということです。

ここでご紹介したことは、どれもいたって平凡なことばかりです。その平凡なことを徹底することができ、自身の行動習慣とすることができているから、ミッションやポリシー、さらに自分の価値を明確にすることができるのです。

どれだけ立派なミッションであっても、平素の姿勢がすべての基本となるのです。

ぜひ、みなさんも日々の生活の中で、こだわり力をつけてください。

私は長年、実践・習慣形成トレーニングのトレーナーとして、数多くのビジネスマンや学生、スポーツ選手の指導をさせていただいてきました。

よい成績や結果を残す人は、人としての生き方のベースがしっかりと確立されています。

もう一度書きます。

## 「誰にでもできることを、誰にでもできないくらいやる」

何かにこだわり、自分で決めたことをまわりの評価を気にせず、ただやり続けるのです。そこに、自分の心が揃うヒントがあるのです。

成幸社長はみなさん、平凡を極める達人です。

私が尊敬する、経営者の一人に、「習慣教育」「習慣道」の創始者、メンタルリスクマネジメント株式会社の今村暁社長がいらっしゃいます。

今村社長の著書に、『習慣力　1日1分7つのステップ』（角川書店）があります。この本の中に、習慣道を極めるというパートがあり、たいへん参考になります。みなさん、ぜひお読みください。

**！　些細なことかもしれないが、続けることが重要。平凡を極めよう**

## 成幸社長の 実行力

成幸社長は、とにかく実行するのが早いのが特徴です。とにかく、「やる」「やってみる」ということを徹底しています。

理念・ビジョン・経営計画など、いろいろと順序立てて考えていくものが多くあるので、みなさんは「すぐやる」と言っても、スタートまでの時間がかかってしまうように思われていますが、それは間違いです。

私がお付き合いさせていただいている成幸社長のほとんどが、「実行あるのみ」という方ばかりです。

もちろん、まわりから〝成幸社長〟と呼ばれるようになってから、あるいはその手前あたりからは、しっかりとロマンを語りながらもソロバンを持ち、中期経営計画から逆算した年度経営計画を徹底的に実施して、今月はどうだったか、未来に向かって来月はどうする、というお考えをお持ちになっています。

成幸社長と言われる今でも、「考えるよりも実行」とおっしゃっています。

自分自身の生き方や自訓に反するものは、行動に移しませんが、「うまくいく」とか「うまくいかない」、あるいは「その実力がある」とか「実力がない」などはまったく関係がないです。

うまくいくように行動しているわけだし、実力がなければ、動きながら、経験しながら実力をつけていけばいいのです。

はっきり言えば、うまくいくかどうか、あるいは実力があるかないかは、今までの人生における、自分自身の経験から判断していることで、今現在のことでしかなく、これから先の結果を決定づける要因ではないのです。

もちろん、今日までの私たちは、うまくいったこと、うまくいかなかったことを含めて、自分自身の経験を蓄積し、その蓄積の差によって思考が作られ、行動がコントロールされているのです。

人生を左右していくのは、その人がどんな経験を蓄積してきたか、によるのです。

では、「現在の私の実力は、どうすれば向上しますか？」という質問が聞こえてきそうなのでお答えしておきます。

今のあなた実力とは、表現を変えると、実力ではなく、経験の蓄積なのです。

そう考えていただければ、答えは出ます。

そうです。**ただ、実行量を増やしていけばよい**ということになります。経験を、より多く積むことができるのは、実行力のある人だからです。

その結果、うまくいかないことも経験し、どうしたらうまくいくかを考えてやり直して実行し、自分なりのノウハウを蓄積していくのです。それが、〝実力〟と言われるものなのです。

成幸社長は、みなさんこうおっしゃいます。

「実力なんて関係ない、そんなことを考える前に、とにかく実行に移せ」と。

## 考える前に実行し、実行しながら考えよう

# 成幸社長の変身術

前項の、実行力もあり、またその実行力が変身術と重なって、人生を180度変えてしまった社長がいらっしゃいます。本書の思考習慣の項でもご紹介しましたが、福岡県福岡市に本社がある、株式会社エクサイトの山口貴史社長です。

子どもの頃から、特撮テレビドラマの仮面ライダーが好きで、テレビを見ては、自分自身が仮面ライダーに変身した気分になって、飛んだり跳ねたりして遊んでいたそうです。

学校では大人しく、目立った子どもではなかったようですが、大学生のときに、当時付き合っていた彼女からの強烈なひと言で大転機が訪れます。

このとき男として、「人生即実行」「変身してなりきる」で生き抜くことを決めたそうです。

それ以来、たとえば、バイクに乗って颯爽と走る、と頭に浮かんだ翌日には、バイクの免許を取りに教習所に行き、沖縄へ行くことを思い立ったら、翌日には沖縄に渡りました。

さらに、お金を儲けるためには社長にならなければ、と考えたら、翌月には学生でありながら起業した、ということです。とにかく、頭に思い浮かんだら、即実行したのです。

起業後は、山あり谷ありのジェットコースターに乗っているような業績の変化だったということですが、2006年に「人を大事に」と思い浮かんだとき以来、いかに従業員に満足してもらい、そのうえで顧客満足にどう結びつけていくか、ということに取り組むようになった結果、経営も安定してきたということです。

最近では、福岡だけにとどまらず、九州全体の経済の活性化のために活躍されています。

ちなみに、現在でも「即実行」は当たり前で、変身術のイメージは「仮面ライダー」と「矢沢永吉」だそうです。

別の表現で言うと、理想の自分を演じきる、ということです。

私たちは、日々さまざまな問題に出くわします。そのとき、理想の自分だったらどう答えるだろう、そして、ドラマの主人公だったら、どう行動するだろうと考えるのです。

ただがむしゃらな即実行だけではなく、理想の自分に変身して実行していくのです。理想の自分になりきるからこそ、とことんやれるのです。びくびくと中途半端に動いているだけでは、成果も中途半端になるのは当たり前です。

あなたも**「即変身、即実行」**を意識してみてください。

## ! 理想の自分自身を描いて演じきる

# 成幸社長の本気の生き方

みなさん、本気で生きていますか。

成幸社長は、いつも「本気」という言葉を使われます。

ここで、私がみなさんから学ばせていただいた本気の定義を、わかりやすくまとめて書かせていただきます。参考にしていただければ幸いです。

もちろん、**「何事にも感謝の想いで生きていく」**という心質が大前提にはなります。

ナニメン流〝本気〟の定義とは、

**①自分で決める**

**②決めたことをやり続ける**

**③やり続けていると、楽しくなってくる**

まずは、シンプルにこの三つなのです。

**①自分で決める**

他者からの提案や依頼であっても、最終的には、自分で「やる」と決めるのです。やりたくないなら、きっぱりと断ればいいのです。

他人の顔色や評価ばかりを気にするあまり、中途半端な返事しかできない。すると、それに見合った行動しかできませんから、自分も面白くなく、結果として、まわりに迷惑をかける、そんなことはないでしょうか。

【やる】か【やらないか】は、自分で決めるべきことです。常に、自分で意思決定するという習慣を意識してください。

### ②決めたことをやり続ける

いったん何かをやると決めたら、シンプルにやり続けてください。成幸するまで、諦めずにやり続ければ、必ず成幸します。最後まで諦めずにやり続けるほうが、より大きな成果が得られるはずです。

私は、多くの成幸社長から学ばせていただいた結果、成幸することは、それほど難しくないと思えるようになりました。もし、難しいことがあるとするなら、【私は、必ず成幸する】と想い続けることかもしれません。

想い続けることの中に必要なのが行動です。ですから、【やり続ける】を意識してください。

### ③やり続けていると、楽しくなってくる

ひとつのことを成し遂げるにあたっては、抵抗や障害が現われることがあります。また、困難に思えることもあるでしょう。そのときが、人生の分岐点です。

自分で決めて、やり続ける。ここまでだったら、多くの方がやっていることです、しかし、そこから楽しくなってくるかどうかは重要なポイントです。

誰もが、障害や困難に対して挑み続ける人生でしょう。しかし、挑み続けるということは、はたして、どんな感情や気分を伴うものなのでしょうか。

成幸社長はみなさん、楽しそうに障害や困難に挑んでいます。

ともすると、まわりからは「そこまでやらなくても」「よく、そこまでできるね」「たいへんじゃないの」と、半ば呆れられるほどの笑顔で行動されています。

成幸社長は、自分自身がやりきった後の成幸イメージを明確に描くことができているため、障害など、成幸への道のりの小さな出来事ぐらいにしか考えていないのです。

それどころか、その困難に挑むことが成幸へ近づく手がかりであり、その状態をワクワクしながら受け入れて、とにかく楽しそうに挑んでいるのです。

そして、この①~③の状態になったとき、まわりがあなたを、一人にしないという、現象が起きるのです。

成幸社長のみなさんに共通していることは、必ず本気のパートナー、応援者、支援者がいるということです。正確に言うと、今に至るまでのどこかのタイミングで、そういう方が現われて、今があるということです。

自分自身で決めてそれをやり続け、笑顔で困難に挑んでいるその姿に、まわりの人が、

「一人でそこまでしなくても、何か手伝おうか」

「私にもできることありませんか」

「君の事業に足りないものは、私が持っているよ。協力させてくれないか」

「本気のあなたについていきたい」

「ぜひ、応援させてくれないか」

と、人が集まってきてくれるのです。

そして、その応援者、支援者のみなさんが、必要な経営資源を運んできてくださるのです。

経営資源とは、集めるものではなく、集まってくるものなのです。

参考までに書いておきますが、①～③の逆をやっている方は、なかなか成幸社長にはなれないようです。

自分で決めて、やり続けてはいるものの、困難に挑んでいるのかどうかも不明確で、挑んでいると言っても、愚痴や不平不満ばかりを言い続けているのです。

もちろん、ご本人は意識してそうしているわけではないのですが、平素の言語習慣に、まわりがやる気を失うような、好ましくないものがあるのです。

たとえ、どれだけすばらしい企画やアイデア、そしてビジョンがあったとしても、それだ

けでは人は集まってくることはありません。したがって、経営資源も集まりません。
人やその他の経営資源は、その中心になっている人に集まってくるのです。
つまり、あなたの平素の姿勢に集まり、引き寄せられるのです。

## 本気で生きる

## 成幸社長の **出逢力**

その人の「考え方」×「熱意」×「能力」によって、人生や仕事の結果は決まります。

これは、京セラ株式会社の創業者で、名誉会長の稲盛和夫さんがおっしゃった言葉です。

これは、たしかにその通りなのです。私がお会いした数多くの成幸社長はみなさん、この方程式にあてはまります。

もちろん、その人なりに力の入れ具合は違っていても、「考え方」「熱意」「能力」のすべてを鍛え上げる努力を惜しまず、いついつまでも成長を目指しています。

そこで、この「考え方」「熱意」「能力」を、自分自身の中でどのようにして鍛え上げるかです。

それが出逢いです。

「人生は誰と出逢うかだ」とは、さまざまな書籍にも書かれていることですが、大勢の成幸者もおっしゃっていることです。

つまり、稲盛さんの言葉に、あえてひとつプラスさせていただくと、**「考え方」×「熱意」×「能力」×「出逢力」**なのです。

出逢いも、二種類あります。

まずは、自分自身で選択することができない出逢い。

これはたとえば、親子、先生、先輩、後輩などです。その両親のもとに産まれたことで、経済的に恵まれなかった。ある先生との関係で、ある科目が嫌いになった。

また、ある上司との関係で仕事が嫌になるなど、本人が選択できない出逢いによって、人生のある時期、本人の意思どおりにいかない生活を送らなければならないことがあります。

しかし、成幸者はどのような環境や状況であれ、それすらも糧にして、そのうえで、それらを自分の味方にしてしまいます。

そしてもうひとつ、選択できる出逢いがあります。

たとえば、師と呼べる方との出逢いを自ら創り出すことはできます。友人や仲間も、自ら選択することができます。

まずは、友人や仲間。

「類は友を呼ぶ」という言葉どおり、誰と友人になるかは、今後の出逢いのよし悪しを決めるカギとなることは間違いありません。

私自身も、数多くの成幸社長との出逢いによって、人生が大きく変化した者の一人です。

みなさんが熱心に学び、実践、検証し、また学んで実践し、それが習慣となり、人格が形成されるーーそのサイクルが新たな出逢いを呼び、その人の人生を形成していくことになるのです。

これは法則どおりですから、そんな方たちの中に身を置くことによって、自分自身も学びになるし、また刺激にもなります。

しかし、「類は友を呼ぶ」という諺どおり、このようなパターンを繰り返す方もいます。たとえば、他人を悪く言う人のまわりには、他人を誹謗中傷し、自己を正当化する人ばかりが集まり、お金に汚い人のまわりには、お金に執着する人ばかりが集まります。

私も、以前はそのような人間の一人でした。成幸社長との出逢い、そして人生の師と呼べる方との出逢いがなければ、ずっとそんな状態だったはずです。

そして、人生の師と呼べる方との出逢いですが、これは、みなさんが最初から、「○○先生が私の師だ」とは言えないでしょう。

あなた自身が学びの中で、学んだことを実践し続け、振り返ったとき初めて、「○○先生が私の師」と言えるのです。

私は、多くの成幸社長から学ばせていただいたことを、セミナーや講演会でお話しさせていただいています。

**人生は、誰の生き方に影響されたかによって決まります。**

・いつ、誰に出逢ったか
・その相手の生き方に感動し、その相手と何をしたか
・そこから何を感じ、何を学んだか
・そして、何かをお返しする努力をしたか

本を読んだら、その著者に会いに行けばいいのです。セミナーのCDを聞いたりDVDを見て、その講演者会ってみたくなれば、会いに行けばいいのです。また、あなたのまわりにいる、明るくて元気で、素直な人と、多くの時間を共有すればいいのです。

人生、「よい出逢い」を、より多くいただきたいものです。であるなら、あなた自身が、明るく元気で、素直な人でいることです。

最後に、補足として書かせていただきますが、選択できない出逢いが決して悪いわけではありません。すべては自分の捉え方しだいなのです。相手をどう見るかも、自分自身ということをお忘れなく。

また、すべての出逢いに感謝できる〝心質〟を強化することも大切なことです。

たとえ、好ましくない出逢いがあったとしても、そのことに感謝なのです。それは、そこから学ぶものもたくさんあるからです。

「人生、出逢った方はみなさん師」という心質と自分自身のあり方が、さらに素敵な出逢いを引き寄せてくれるでしょう。

それこそが、出逢力です。

## 自身のあり方が出逢いを決める

# 成幸社長の決め力

この「決め力」が、大きく人生を左右します。

「決めて行動する、ことを決める習慣を持つ」とご説明させていただいています。

ここまで読んでいただいて、成幸社長には、さまざまなパターンの習慣があることを感じていただいたことと思います。

そして、一つひとつの自分自身の体験によって「成幸」に導かれていることもご理解いただけたことでしょう。

そして、最後に最も大切なことを書かせていただきます。

それが「決め力」です。

私たちは、成功体験の数の積み重ねによって、成幸者の階段を上っていきます。そこで大切なことは、**「質」ではなく「数」**ということです。

成幸者を目指すにあたって、ついつい偉大なことかすごいこと、あるいは大きなことを思い浮かべがちですが、それは違います。「数」なのです。

では、ここで質問です。

みなさん、毎日決めて行動しているでしょうか。

自分との約束を守る行動をとっていますか。

たとえば、

・朝起きる時間を決めて、決めた時間どおりに起きているか？

・何時には食事を摂ると決めて、決めた量だけを摂取しているか？

・朝一番の社内での挨拶は、元気よく相手の目を見て最高の笑顔で、自分からすると決めて、挨拶をしているか？

・会議の席で、目的と結果をあらかじめ決めてから出席しているか？

・仲間に、ますますやる気になってもらうと決めて会話をしているか？

このような、何気なくしている行動を、成幸社長のみなさんは、自分自身の「決め力」磨きに活用して、成功体験の数を積み重ねているのです。そして、その成幸体験の数が脳に記憶されることで、自分は、決めることができて、行動すればできる人間だと思い込むことができるようになっていくのです。

・起きる時間を決めて起きるとは、目覚まし時計の鳴る時間のことではなく、起きる時間のこと

・食事も、何気なく食べるのではなく、食べる量を決めてから食べる

・挨拶は、感謝の思いと、相手の元気の源となると決めて挨拶をする
・会議も、時間を有効に活用すると決めて、出席者にわかりやすく話し、参加者の時間を無駄にしないために、今できる最高の資料を用意し、誠実にその場に臨むと決めて会議に出席する

決めて行動するという、ほんの数例です。はっきり言って、これは日々の生活すべてについて言えることです。何気なく行動するのではなく、決めてから行動するのです。

時間を管理し、自分を縛るということではなく、すべての「こと」に目的があるということ、もし、それなくして行動しているとしたら、何のために生きているのかわからなくなってしまいます。

決めてから行動してみる。決めたことができる。その「できる」が、脳の中に成功体験として積み重ねられていくのです。

私たちの行動は、ともすると何気ない行動の連続となりがちです。だからこそ、目的を明確にし、夢を描くことが大切なのです。そして、それを具体的目標として設定し、そこに向かって努力するのです。

日々の行動の結果、わずかでも成果が出て、その延長線上に未来がある。ということは、日々の行動こそ、決めて行動し、成果をつかみとることが大切なのです。

たとえば、夜、翌日の行動をイメージして決めるとします。

明日の朝は、6：30には布団から起き上がって洗面台に向かっている。このように決めるからこそ、6：25に目覚まし時計がセットされます。

そして翌朝、そのとおりの行動ができます。

これが、成功体験として記憶されるのです。この小さな成功体験の積み重ねが、私たち人間を形成しているのです。

再重要ポイントであり、今この瞬間の意識を変えるだけでできる成幸法則、**「決めて行動する、決める習慣を持つ」**ということを意識していきましょう。

## 「決め力」とは「決めて行動する、決める習慣を持つ」こと

6

章

# 成幸社長になるために

ここまでで、52の習慣について書かせていただきましたが、さまざま自己啓発書を読まれ、成幸法則やリーダー論などを勉強されたみなさんの中には、「どこかで聞いた話が多いなあ」「もっと、理論的に解説してよ」といった感想をお持ちの方もいらっしゃるでしょう。

そんなみなさんへの、私からの質問です。

あなたはこれまで、いいと思ったことについて、すぐに行動をしてきましたか？

すぐに行動するためには、自分自身の軸が必要となってきます。それは、自分の判断基準となるものです。

ここからは、私が1000人の社長とお会いし、感じ学ばせていただいたことを、まとめて書かせていただきます。

# 「すぐに行動する」習慣のつくり方

私たち日本人は、判断力には優れていると言われています。というより、みなさんは本を読み、セミナーや講演会で学び、ＤＶＤで復習するなどして、多くの知識をお持ちになっているはずです。

ですから、判断力が優れているというより、判断する材料を数多く仕入れている状態だと思います。

では、そうやって仕入れた知識や情報を、どのように加工し、どう製品に作り上げて出荷されていますか。

成幸社長のみなさんは、どんな学びや情報も、自分なりに判断し、すぐに行動に移された方ばかりです。

ここでいう「行動」とは、何かを「する」ことだけを指すのではありません。何もしないことややらないと決めたことも行動です。

ですから、「すぐに行動」とは、「何とかなる」「やればできるだろう」と、勢いだけではじめようと言っているわけではありません。みなさんに共通して言えることは、自分の判断基準が明確にあって、その判断基準についても、意思決定の感性磨きを常に意識し、いつもいろいろな手法でやり続けているということです。

つまり、自分自身に「こう生きる」という軸があるということなのです。

本書の最初にも書かせていただきましたが、私たちはみんな、自分株式会社の代表取締役なのです。ですから、サラリーマンでも自営業でも、オーナー起業家でも学生でも、みなさん同じなのです。

**「自分人生理念」**という、企業でいう経営理念、まさしく人生をかけて実現すべき理想の世界。

**「自分ビジョン」**という、理想の世界に近づくための、現状からの次へのステップ。

**「自訓」**という信条。つまり、自分との約束や自分自身の掟。

成幸社長のみなさんは、この三本柱が明確で、いや正確に言うと、どんどんと明確になってきて、今があるということなのです。

この三本柱が、少しずつ明確になるほど、さまざまな知識、情報、アイデアなどのすべてが、判断から決断に変わり、次へのイメージがより鮮明になり、行動へと移していくことができるのです。

三本柱が明確だからこそ、決断が覚悟へと変わり、覚悟の度合によって、自分自身が発しているオーラが決まり、それが目の前の人に伝わることになるのです。

人は、この世に生を受け、その人生が終りを迎えるまで、自分自身の人生を経営していかなければなりません。

本書を手にしているみなさんも、今一度よく考えてみてください。あなた自身の「自分人生理念」「自分ビジョン」「自訓」を。

すぐに行動するということは、根性の問題ではなく、自分自身の中での生き方、あり方の軸が決まっているということです。そして、年齢を重ねるごとにその細部が明確に色づけされていくことになるのです。そんな方がすぐに行動するのです。

成幸社長にとって、行動や実践こそがすべてですが、その前に自分自身の中での基準を決めるということが重要です。私はこれまで、コンサルティングや研修を通じて、数多くの経営者のみなさんとお会いし、お話をうかがってきました。

今回、52の習慣として書かせていただきましたが、もし、たったひとつだけ特筆すべき点があるとするなら、この**「すぐに行動する」**ということです。

一例として、本書でご紹介した経営者のみなさまは、「すぐに行動」を基本中の基本の習慣とされています。

ただ、その行動を一面的に見るのではなく、その背景にはみなさん、自分らしい**「根本信念」**を構築されているのです。

## 「自分人生理念」のつくり方

理念とは、「ある物事についての、こうあるべきだという根本の考え」、と辞書にはあります。

また企業理念について私は、企業の経営目的、進むべき方向、目標遂行のための精神的バックボーンであり、常に戻るべき原点となるもので、事業を通じて社会にどのような貢献をしようとしているのか、どのような価値観や規範に基づいて事業を行なおうとしているのか、などを示すもの、とお伝えしています。

経営者のみなさまと一緒になって考え、企業理念作成のお手伝いをさせていただいていますが、このときに重要になるのが、経営者自身の人生理念です。

あるときは個人、あるときは公人では、社長業は成り立たないのです。

自分自身の人生の理念と会社の理念は、必ずリンクしていなければなりません。いや、リンクするからこそ、成幸に近づくのです。

さて、人生理念とは、私が出会った社長から感じ、学ばせていただいた結論としては、その方個人の**生きざま**です。

好ましい業績を上げている企業は、企業理念が明確に打ち出されていて、それに基づくビジョンがあります。また戦略テーマ、実行策、年度計画があり、それらを実行することによって成果が出ているわけですが、実はその前に、社長個人の世界観が大きく影響しているのです。

成幸社長は、**人生理念＝家庭理念＝企業理念**となっています。

52の習慣でもご紹介しましたが、株式会社ＨＳコーポレーションの企業理念は「大家族主義経営」で、星野修社長の人生理念も「大家族主義」です。

これは何も、家族の数ということではなく、まずご家庭の家族、親戚をベースに、社員、同業者、取引先、仲間、友人とのお付き合いがはじまるのです。

そして、その関係性が深くなるほど、家族や身内のような関わりをもち、励まし応援し合い、ときには意見し合える付き合いを広げていこうというものです。

今では、2010年9月に立ち上げたコミュニティもNPO化し、NPO法人日本商店会として、日本全国の中小企業経営者と「共に学び、共に成長し、共に勝つ」を理念に、「日本商店会を通じて地域を元気にする」というビジョンを掲げて、日本全体の中小企業を大家族主義で横のつながりを持ち、昭和初期の頃のように、共に助け合える文化を、もう一度呼び戻そうと活動しています。

自社の社員に対しても、大家族主義の理念の下、その社員の家族までも巻き込んだ取り組み、さらに地域住民までも巻き込んだ取り組みを企画実施され、それを通じて、社員全員が温もりを感じ、感謝力に気づき、成長されています。

まさしく、人生理念＝家庭理念＝企業理念の人と言えます。

星野修社長は、決断も実行も早いのです。

それはまさしく、人生理念という軸が明確であり、判断基準が明らかなので迷わないということなのでしょう。
その反面、事業が好ましい成果を上げられない社長に多いのが、ご自身の人生理念が不明確なわりに、立派な企業理念を掲げているケースです。文面としての理念は理解はされているようですが、腑に落ちていないというか、理念に合った生き方をされていないため、言動が一致していないのです。
きっとご自身の中で、一人の人間や家庭人、さらに企業人、社会人としての生き方やあり方がバラバラになっているのでしょう。
さて、あなたの人生理念は何でしょうか？　と質問されたら、どうお答えになるでしょう。
何も、仰々しくすばらしい言葉を使わなくてもいいのです。
自分自身が、「こう生きる」という決め事です。もし今、自訓をお持ちでないのなら、一度考えてみてください。
たとえば、
出逢った人を笑顔にしてあげられる生き方
目の前の方に喜ばれる生き方
仕事を通じて、社会に貢献する生き方
そう決めただけで、今からのあなたの言動は変わっていくはずです。

ちなみに、私の「自分人生理念」は、**「日本中の大人を元気にする」**です。

大人が夢を持ち、夢に向かってワクワクしながら困難にもチャレンジしている。そして、元気に活き活きと働いている親の姿を見て、子どもは親を尊敬し、早く大人になりたいと思う。そして、自分も夢を持ち、親を見本にして勉強やスポーツに挑んでいる。そんな社会では、子どもたちは不良にならないし、自分自身を見失うこともありません。私たち大人が、生きていることにチャレンジできることは楽しいんだ、と背中で伝えましょう。

そんな世の中になったら、今の無色透明の空気が、淡いピンク色に見えるかもしれません。

私は今、世の中の空気をピンク色に変えるために活動しています。

これは、私の理想の世界観です。

私にはたくさんの夢がありますが、その中のひとつに「青少年犯罪の撲滅」があります。

そのために私は、子どもたちに夢を持ってもらおう、夢にチャレンジしてもらおうと、親子セミナーをはじめ、いろいろとやってきました。

その結果、行き着いたところは、親や大人を元気にしなければ、子どもたちだけを元気にしても何も変わらない、ということです。

子どもたちは、育てたようにしか育ちません。

生まれながらにして「悪い子」などはいません。何らかの理由で「悪いことをしてしまった子」がいるだけなのです。

いじめようとも、いじめられようとも、そう願って生まれてきた子どもはいません。何らかの影響によって、そのような思考が身についてしまっただけなのです。

また、自殺しようと思って生まれてきた子どももいません。何らかの事情によってそうなってしまった子どもがいるだけなのです。

さらに、鬱になろう、または無気力でいようと生まれてきた子どももいません。何らかの事情があって、そうなってしまった子どもがいるだけです。

私たちはみんな、幸せになるために産まれてきたはずです。

私たちも子どもの頃、親や身近な大人の言語習慣、思考習慣、行動習慣を、知らず知らずのうちに刷り込まれて育ってきました。

もちろん、好ましいものもあれば、好ましくないものもあります。

私たちは、メディアから流れてくる情報に対して、このような言葉を使っています。

「昔は考えられなかったね」

「10年前では思いもよらないね」

「怖い時代になったね」

もう、このような言葉を使うことはやめにしませんか。

今こそ、今この瞬間から考えないと、さらに10年後は、今では想像もつかない事件が起こり、同じような言葉を使う毎日になってしまうことでしょう。

本書は、みなさんに企業経営者になっていただくために書かせていただいたわけではありません。誰もが、自分の人生の経営に励み、夢を持ってワクワクしながら生きていき、子どもたちの見本となる大人になるように、と願って書かせていただきました。

私は、残りの人生を賭けてがんばります。

もし志半ばで倒れたとしても、きっと誰かが受け継いでくれることでしょう。

## 「自分ビジョン」のつくり方

理念という理想の世界観ができたら、次は〝自分ビジョン〟です。

よく耳にするのが、「未来の自分がなかなかイメージできません」という言葉です。

しかし、あまり難しく考えないでください。

まず、企業のビジョンとは、「こうありたい」といった理想に近づくための、企業の中長期的な目標で、数値目標だけではなく、社員が心躍る内容を策定します。

ということは、自分ビジョンとは、「人生理念の、創り出したい理想の世界観に近づくための中長期的成果をイメージし、その実現のための数値目標を立て、その具体的イメージが膨らみ、ワクワクして夜も眠れない」くらいのものがちょうどいいのです。

人生理念で、あなたの理想の世界観をイメージし、そこに向かって、次はいつまでにどこまで行くのか、ということを考えてみましょう。

ここで大切なことは、成果の定義をあらかじめ決めておくということです。

人生理念の基に、目標を定めチャレンジするわけですが、その人生理念を追求したら、あなたは、何を手にするのか、ということです。

そのときあなたは、どのような状況になっていますか？

そのときあなたは、どのような環境にいますか？

そのときあなたは、どのような気分ですか？

そのときのあなたは、どのような感情になっていますか？

大切なことは、これがイメージできてワクワクが止まらない、という感じになるかどうか、ということです。

これを、「妄想」と呼ぶ人もいます。しかし、人生理念に基づくイメージと、ただの妄想とは違います。

人生理念に基づいたイメージだからこそ、自分自身を進化成長させることに時間とお金を惜しまず、人を育てることに、時間もお金も惜しまずに投資するのです。

今、あなたがサラリーマンだったとしたら、人生理念に基づいて計画性を持ってイメージし、現在の仕事が、労働に対して賃金が少ないと感じていたとしても、将来の自分の役に立つのならば我慢するべきです。そして、もう一度計画性を持ってイメージし、そのイメージに向かって一直線に突き進んでいくのです。

人生理念に対して、目的に向かって目標があるのですが、その目的に対して、どうなることが成果なのか、という成果の定義なしに目標の設定はできません。目標とは、成果に目盛りをつけたものなのです。

その成果のイメージを、トコトンイメージしてみてください。難しく考えずに、まずはイメージする癖をつけましょう。

たとえば、目の前の趣味の延長線にでも、イメージを描くことができます。

もし、写真が大好きなあなたなら、写真を通して日本中が夢で溢れる、そんな国にしたい……という人生理念。

そして、2年後に「ｈａｐｐｙ Ｊａｐａｎ」というタイトルで写真集を出し、それがベストセラーになり、全国を講演で廻りながら、写真という媒体の可能性について語り、大勢の子どもたちが写真に興味を持つようになり、日本中がますます笑顔で溢れる国にする。そして、その印税収入を、交通遺児に寄付したい。

自分のやりきった感と大好きな写真の可能性を大勢の方に理解していただいて、自分自身がとても幸せな気持ちになっている……という自分ビジョン。

もちろん、このイメージとそこに向かうための努力は半端なものではないと思いますが、私たちは成果をイメージし、それに対してワクワクすることができれば、誰もが諦めずに努力することができるのです。

成幸社長はみなさん、イメージするための、とても大きなエネルギーをお持ちです。

ですから、もしあなたが「イメージ」できない人なら、成幸社長になることは諦めたほうがいいかもしれません。

しかし、イメージも訓練しだいです。

人生経験を積みながら、少しずつ、あれもこれもと広がっていくものです。

まず、自分の人生の成幸に向けて、今日やれることを今日やりましょう。

ここまできても、まだ自分ビジョンがまったくイメージすることができない方がいたとしたら……ひとつだけヒントを差し上げましょう。

では、ビジョンがどんどんと明確になっていく人と、そうでない人の差はどこにあるのでしょうか。

それは、今この一瞬です。

あなたは、目の前のことに一所懸命取り組んでいるでしょうか？

今、自分自身が置かれている環境や状況に不満を抱きながら、自分の人生理念を考えてビジョンをイメージしようとしても、なかなかできるものではありません。

あなたは、毎日の行動のすべてに意味を持っているでしょうか。

目的がある方は明確でしょう。しかし、明確ではないという方にヒントです。

あなたは、「試されている」のです。

人生、どこで未来のビジョンが描けるという定石などありません。

大学に入学したら、就職したら、結婚したら、独立したら……そんなもの、何の定石もありません。

あるのはひとつだけ。今を一所懸命生きている人は未来がイメージでき、創造できるということです。

今を一所懸命生きていないと、イメージすることもできない。

楽しいから一所懸命やるのではなく、一所懸命やっていると楽しくなっていく。

大好きだから一所懸命やるのではなく、一所懸命やっていると大好きになっていく。

やる気があるから一所懸命やるのではなく、一所懸命やっているとやる気が湧いてくる。

目標があるから一所懸命やるのではなく、一所懸命やっていると目標ができてくる。

ビジョンがあるから一所懸命やるのではなく、一所懸命に今を生きているからビジョンが浮かんでくる。

ちなみに、私の自分ビジョンは、2020年には、青少年犯罪の撲滅、大人も子どもも、いじめ社会ではなく、受容と尊敬の関係が築ける社会にする、というものです。

そのために、中小企業経営者を元気にし、各社のビジョンのひとつに、社員の子どもが、大きくなったら父親と同じ仕事をする、大きくなったら母親と同じ仕事がしたい、と言ってくれるような、企業の品質、品格を向上させることです。

またもうひとつは、働くことの歓びや誇りを、日本中の大人に取り戻していただき、喜んで働く大人でいっぱいにするために「喜働会」を立ち上げました。

ともに成長し、ともに子どもたちの見本となる大人で、世の中を埋め尽くすことです。

みなさんも、自分株式会社の代表者として、自分の仕事に誇りを持って、ますます「かっこいい大人」になってください。

## 「自訓」のつくり方

人生理念の下に、おぼろげながらビジョンもでき、日々そこに向かって努力をしていくうちにビジョンが膨らんだり、より鮮明になっていくことになりますが、もうひとつ大切なことは、自訓を決めて、その基準に基づいた行動をし続けるということです。

これも、数多くの成幸社長のみなさんが、自訓として定義し、意識しているかどうかはわかりませんが、みなさん共通して、**生き方の掟**はお持ちのようです。

たとえば、

前向きな言葉しか使わない

時間は守る

楽しむ側ではなく、楽しませる側で生きる

やる前から、できるかできないかは考えない

自分の価値観という理念で生きる

みなさん、日々のさまざまな出来事の中で、自分の掟、またはこだわりをポイントとして判断したり、即実行することの繰り返しです。

何が正解かではなく、自分の生き方と判断基準があるということです。

ちなみに、私の自訓は**「みんな大好き」**というものです。

これを決めたことが、私の人生で大きなポイントになったのです。ここには2008年に行き着きました。

これは、私自身の戒めのつもりで決めました。

2008年夏以後は、朝夜声に出して唱和しています。自分自身に刷り込むためです。

なぜ、この言動を自訓に決めたかというと、お恥ずかしい話ですが、私は、自分と他人をすぐに比較して、それを励みにするのではなく、妬みや僻みにして、他人に対して素直な気持ちで接することができずにいました。

今でこそ、そのような感情もなく過ごしていますが、起業当時は、うまくいかないのは他人のせい、自分のことは省みず、他人のことばかりが気になっていました。

もちろん、自分の軸も理念も自訓もまったくなく、いや、そんなことよりも売上げやお金だけがすべてでした。

自分なりには一所懸命、経営をしてきたつもりだったのですが、好ましい成果には結びつきませんでした。

これはおかしいと、いろいろな本を読み漁り、セミナーにも参加しました。

この頃からです。さまざまな社長との出逢いがいただけるようになってきたのは。そして、しだいに自分自身の腑に落ちるようになってきたのです。

本当は、「比べることに意味は見出せない」ことはわかっていたのです。しかし、実際に「そうだ」と真に感じることができたのはこの頃のことでした。

お客様や取引先のみなさんに愛される会社を目指したい思いながら、それがまったくできていなかったのです。みなさんから好かれる人間になるためにも、自分からみなさんを好きになろう。相手は関係ない。すべては自分の気持ちしだいということに気づいたのです。

それからは、長年の悪習慣だった、人と比べては相手を妬むというステージに並べられた感情やモノをひとつずつ取り除くと決めたのです。

２００８年からは、出逢う方の感じが変化していったようで、そして成幸社長とも公私ともにより多く出逢うことができ、今現在の私に活かされています。

今思うと、それ以前もたくさんの出逢いがあったはずですが、私のアンテナや心の周波数が合っていなかったため、そのことに気づきもしなかったのです。

もちろん、「まだまだ未熟だ」と感じることも多々あります。さまざまな出来事に振り回され、ブレることもあります。しかし、すぐに気づいて戻れるのです。

「みんな大好きだ」で人生を全うする、というところに。

成幸社長を目指すあなたへ。

ぜひ、人生理念を明確にすることを考えてみてください。自分ビジョンをイメージし、創造してみてください。そして、自訓を考えてみてください。

年齢は関係ありません。残された自分の人生の軸になるものです。最初はピンとこなくても、思いつかなくてもけっこうです。

残されたあなたの人生で、今日が一番若い日です。

また、残された人生で、今日がスタートの日です。昨日までのことは、もうどうにもなりません。

理想の自分を目指しましょう。

**自分株式会社の代表者として、あなたの人生の成幸社長になってください。**

あなたなら、必ずできます。

# おわりに

この本を書き上げるまで、相当な時間を費やしてしまいました。

今振り返ってみると、セミナーや講演会ではライブ感たっぷりで、いろいろな事例もお話しさせていただいていますが、改めて文字にすることで、まだまだ未熟な自分に出会ってしまい、そのつど、改めて前を向くことの繰り返しでした。

今さらながらですが、大勢の成幸社長にお会いし、いろいろとお話もさせていただき、一緒にお仕事もさせていただき、また社員の研修も担当させていただきながら、「今の自分はどうなのか？」という疑問が、常に頭の中にありました。

この執筆のお話をいただいたのは、たしか2011年の夏のことです。それ以来、1年以上にわたって書かせていただきました。

一つひとつの習慣について、再度自分自身で検証をしながら書いてきました。52に絞ることも容易なことではありませんでした。

しかし、「誰にでも簡単にできるもの」という制約があったため、まずは、自分自身で今までできているものだけでなく、改めてチャレンジしたものも含めて、それらを一気に書かせていただきました。

今、みなさんに自信を持ってお伝えすることができます。

それは、私は何をやっても、〝限りなく負け続けてきた人間〟だということです。

今回改めて、まだまだな自分、未熟な自分、そして自分の愚かさを自覚することができました。ありがたいことです。私も、2013年には55歳になります。さて、残りの人生をますます一所懸命に生きる、と覚悟することができました。

本書に書かせていただいた、成幸社長の習慣を、ひとつでも多く身につけてください。

成幸社長としてご紹介させていただいた方は、そのほとんどが私よりも若い方ばかりです。年齢には関係なく、やはり、ご自身の理念やビジョン、さらに自訓を軸として生きていらっしゃるすばらしい方ばかりです。

最後に、私が今日まで出逢わせていただいた、すべての成幸社長に共通していることを書かせていただきます。

それは、**「感謝力」**です。

わたしたちは、感謝が大切だとは誰もが知っていますが、「感謝力」を実感している方は少ないのではないでしょうか。私自身も、今回改めて感謝力の凄さを実感しています。今まで、大勢のみなさんにご助言やご指導をいただいたにもかかわらず、感謝とは名ばかりの、薄っぺらな感情でしかなかったのかもしれません。

他人様との出逢いをいただけることに、真に「ありがとうございます」と思っているのだろうか、と改めて自分自身に問い質す1年となりました。

成幸社長のみなさんの共通点。

情熱を縦糸として、大勢の人と出逢いや感謝を横糸として人間関係を構築し、自分らしさいっぱいの紬を織る――そのような人生を歩まれているということです。

改めて学ばせていただきました。

ありがとうございます。

みなさま、ここまでお読みいただきまして、誠にありがとうございます。

最後になりましたが、数多くの成幸社長に実名でご登場いただきました。誠にありがとうございます。

平素からお世話になっているだけではなく、今回の執筆に関して、「いいよ。書いてよ」とご快諾いただきましたことを、心より感謝いたします。

また、2011年の夏に執筆のお声がけをいただいたにもかかわらず、なかなか原稿が進まない私を、気長に待っていてくださり、そのうえ私自身の残りの人生における重大な気づきと学びのきっかけを作ってくださった、同文舘出版株式会社の古市達彦部長、誠にありがとうございます。

さらに、「出版はいつですか」と、会うたびにプレッシャーかけてくれた塾生のみなさん。講演会にお越しいただいて、「ナニメンさんの本はないのですか」「待っていますよ」と励ましてくださったみなさん。

本当にありがとうございます。

本書を、一人でも多くの方が手に取ってお読みいただくことで、みなさんの自分株式会社に、ますますのご発展とたくさんの成幸が舞い込んでくることを祈念いたします。

ありがとうございます。

著者略歴

**吉井雅之**（よしい　まさし）

有限会社シンプルタスク代表取締役、喜働会会長、JADA協会認定 SBT1級コーチ
1958年神戸市生まれ。30歳にして、自身の成長のため数多くの能力開発セミナーに参加。その後、石油関連企業を中心に人材教育業務に従事。2005年、コンサルティングオフィス有限会社シンプルタスクを設立。大人を元気にするために「喜働力塾」を札幌、東京、名古屋、大阪などで開催。各種人材育成トレーニングや講演、セミナーで全国各地をまわっている。多業種にわたってコンサルティングを行なう一方で、子どもの夢を叶えるために、「親子で夢を叶える習慣術セミナー」等も意欲的に取り組んでいる。喜びを持って働く大人で日本中をいっぱいにするため、「共に学び、共に成長し、共に子どもたちの見本となる大人になろう」をコンセプトに「喜働会」を発足。また、JADA協会認定SBT1級コーチの資格を取得し、ビジネスマンの能力開発だけでなく、スポーツチーム指導、受験生の能力アップも行なっている。著書として、『ナニワのメンター流―最強のビジネスマインドを獲得する習慣形成トレーニング』（イーハトーヴフロンティア）がある。

ホームページ：　http://www.simpletask.co.jp/
フェイスブック：「ナニメンオフィシャルページ」「吉井雅之」
メルマガ：
「ナニメン喜働力」
無料登録アドレス：simpletask@star7.jp

「がんばろう! リーダー!!」
無料登録アドレス：00563325s@merumo.ne.jp

※空メールを送信していただければ登録が完了します。

# 成功する社長が身につけている52の習慣

平成 25 年 2 月 13 日　初版発行

著　者――吉井雅之
発行者――中島治久
発行所――同文舘出版株式会社
東京都千代田区神田神保町1-41　〒101-0051
電話　営業03(3294)1801　編集03(3294)1802
振替00100-8-42935　http://www.dobunkan.co.jp


ISBN978-4-495-52141-7
印刷／製本：三美印刷
Printed in Japan 2013